Géopolitique de l'eau et gouvernance en province orientale

République Démocratique du Congo

Collection « Géopolitique mondiale »

Dirigée par Mwayila TSHIYEMBE

L'objet de la collection « **Géopolitique mondiale** » est de susciter les publications dont la vocation est double : d'une part, donner un **sens** aux mutations provoquées par la mondialisation, étant donné la perte des repères du monde ancien et la nécessité d'inventer des repères du monde nouveau ; d'autre part, analyser la **complexité** des enjeux territoriaux, des rivalités d'intérêt et de stratégies qui pousse les acteurs à user de la **force** ou de la **diplomatie,** pour **modifier** ou tenter de modifier le **rapport** de force (ressources naturelles, humaines, culturelles), selon des **idéologies** qui les animent. A cette fin, la **prospective** et la **pluridisciplinarité** sont des approches privilégiées.

Déjà parus :

Pétillon MUYAMBI DHENA, *Normes internationales impératives et droit d'ingérence humanitaire*, 2012.

Jean-Pierre LOTOY ILANGO-BANGA, *Partenariats entre les multinationales et l'Etat*, 2012.

Mwayila TSHIYEMBE, *Organisations internationales, Théorie générale et études de cas,* 2012.

Mwayila TSHIYEMBE, *Régionalisme et problèmes d'intégration économique. Aléna, Mercosur, Union européenne, Union africaine*, 2012.

Évelyne GARNIER-ZARLI, *Les risques de la fragmentation de la recherche scientifique sur les enjeux sociétaux*, 2011.

Théophile YUMA KALULU, *Géopolitique de la violence des jeunes dans la ville de Kinsagani*, 2011.

Edmond Mokuinema Bomfie

Géopolitique de l'eau et gouvernance en province orientale

République Démocratique du Congo

L'Harmattan

5-7, rue de l'École-Polytechnique ; 75005 Paris
http://www.librairieharmattan.com
diffusion.harmattan@wanadoo.fr
harmattan1@wanadoo.fr
ISBN : 978-2-296-99119-4
EAN : 9782296991194

A Judith, Sarah et Léa.

Préface

L'une des qualités de cet ouvrage est la remise en débat de la question *des ressources rares*, en l'occurrence *l'eau douce* (soit 3% de l'ensemble de l'eau de la planète), comme vecteur *des rivalités de pouvoir* sur des *territoires* et les *représentations* qui les accompagnent.

En effet, ces rivalités de pouvoir sur les territoires peuvent opposer des *acteurs internes* ou *externes*, hantés par *l'accessibilité* ou l'*inaccessibilité* à l'eau douce, pour satisfaire les besoins vitaux des êtres vivants (humains, animaux, végétaux).

Dès lors, le *rapport des forces* en présence peut déboucher sur la *paix* ou sur la *guerre*, qu'il s'agisse de la protection d'un *droit acquis,* des velléités d'acquisition d'un *droit nouveau*, voire de la volonté de nuire des chefs de guerre qui, par vengeance, empoisonneraient l'eau pour en faire une arme de destruction massive.

Telle est la leçon de l'histoire depuis la nuit des temps, rappelée par le sommet de Rio de Janeiro (Brésil, du 3 au 14 juin 1992), sur l'environnement et le développement, le changement climatique et la protection de la biodiversité.

Au cours de ce sommet, en effet, il a été souligné que « *l'eau est une ressource limitée mais indispensable à la vie et aux activités humaines, telles que les activités agricoles, industrielles et domestiques ainsi qu'au fonctionnement des écosystèmes terrestres. L'eau doit sa dimension géopolitique à une répartition inégale des ressources selon les pays et au caractère transnational de nombreux cours d'eau. Sa gestion nécessite une coopération au niveau régional, mais peut entraîner des tensions entre Etats voisins dans de nombreuses parties du monde* ».

Jean-Marc Lavieille ne dit pas autre chose lorsqu'il note que « *Les lacs, les fleuves, les rivières, le sous-sol représentent moins du quart de ces 3%, le reste est constitué par les glaces. Les eaux de qualité sont de plus en plus rares, et les besoins mondiaux en eau doublent tous les vingt ans. Quatre-vingts pays, représentant 40% de la population mondiale, souffraient d'un grave manque d'eau à la fin des années 1990, d'autre part, 1,4 milliard de personnes dans le monde n'ont pas accès à l'eau potable* » (*Droit international de l'environnement*, Paris, Ellipses, 2ème édition, 2004, pp.115-120).

Instruit par cette problématique générale, l'auteur inscrit sa recherche dans le cadre de la République Démocratique du Congo et de la Province Orientale, en vue de lui donner une certaine matérialité.

A cette fin, il brosse à grands traits la *géographie de l'eau* en Province Orientale, tout en mettant l'impact de l'eau de la Province Orientale dans la géopolitique de l'eau en RDC et dans la géopolitique régionale. Et ce, en soulignant les effets de la double dépendance de la Province Orientale au bassin du Congo et au bassin du Nil.

Pour l'auteur, la *gouvernance* définie comme « la capacité de faire, faire faire et interdire de faire» (Mwayila Tshiyembe, Politique étrangère des grandes puissances, Paris, L'Harmattan, 2010), aussi bien en République Démocratique du Congo qu'en Province Orientale, est la condition sine qua non *d'élaborer une politique nationale* de l'eau, fixant les priorités et les défis à relever, les moyens matériels, humains et financiers, y compris les termes d'une *diplomatie de l'eau* à l'échelle régionale.

Car, il ne suffit pas que l'eau soit abondante, comme c'est le cas de la République Démocratique du Congo et de la Province Orientale, insiste l'auteur. Encore faut-il que *l'eau soit potable* et *accessible* à tous, en ville et à la campagne. Or, à ce jour, le compte n'y est point, constate-t-il.

Dès lors, l'avènement d'une *politique industrielle de l'eau* en République Démocratique du Congo et en Province Orientale, est l'horizon des possibles, à partir duquel les gouvernants et les gouvernés des villes et des campagnes auront le *pouvoir de maîtriser les usages de l'eau*, en fonction des besoins vitaux du pays, des générations futures et des pays voisins.

De l'eau, ressource naturelle, il y a lieu de passer au stade de l'eau, richesse industrielle, dont il sied de maîtriser les étapes de production, d'assainissement, de distribution, de commercialisation. *L'Etat stratège* doit chercher des *partenariats* avec *des entreprises de production de l'eau et distribution de l'eau potable*, en vue de trouver une adéquation entre le calcul coûts/risques et la justice sociale au bénéfice du plus grand nombre.

Si pareille stratégie devait voir le jour, rien ne serait impossible, car « *là où il y a volonté et intelligence d'agir, il y a toujours un chemin* », dit la sagesse populaire. A condition, bien entendu, que la République Démocratique du Congo cesse d'être, pour longtemps encore, *« une république des inconscients »*, dont parle Modeste Mutinga Mutuishayi (Kinshasa, Editions Le Potentiel, 2010).

Fait à Paris, le 30 octobre 2011

Mwayila TSHIYEMBE,

Docteur d'Etat en droit, Docteur en sciences politiques,

Professeur de géopolitique aux Universités de Paris XII, Lubumbashi et Kisangani

Directeur de l'Institut panafricain de Géopolitique

Introduction

L'eau est plus qu'indispensable à la vie. Chez l'homme, les besoins en eau dénotent de son importance, étant donné les différents usages qu'il en fait au quotidien. C'est pourquoi l'on ne peut envisager le développement humain sans eau. En effet, en dehors de son rôle de boisson, l'eau est une ressource qui s'avère indispensable à l'agriculture et à l'industrie, au transport et aux activités de ménage.

L'eau est une ressource essentielle pour la vie. Elle contribue au maintien de l'équilibre du fonctionnement de l'organisme vivant et particulièrement au maintien sanitaire de tout être humain. Elle est le principal constituant du corps humain, jusqu'à atteindre chez un homme adulte une moyenne de 65% de la masse physique. Elle est inégalement répartie aussi bien dans les différentes régions du monde que dans les organes du corps : elle se concentre à environ 1% dans l'ivoire de la dent, mais à 90% dans le plasma du sang. Le cœur et le cerveau en ont un peu plus que les os de la charpente squelettique.

Pourtant, l'accès à cette denrée de première nécessité n'est pas à la portée de toutes les couches sociales ni de toutes les régions du monde. Quand bien même l'eau est disponible en quantité suffisante dans la région de l'Afrique Centrale, la qualité en est moins requise, étant donné qu'elle ne remplit pas toujours les conditions de potabilité exigées en vue d'assurer une bonne santé à l'homme.

Autre chose, que faire de l'abondance de cette ressource naturelle dont les potentialités sont énormes dans cette partie du pays ? La Province Orientale a-t-elle une politique claire d'utilisation de cette ressource pour son développement ou même de celui de ses voisins ?

Plus de cinq ans après la proclamation de l'année de l'eau douce (2003) par l'ONU et l'UNESCO, les objectifs fixés sont loin d'être atteints même dans les régions de l'Afrique qui regorgent de cette ressource naturelle. La journée du 22 mars consacrée à cette denrée passe dans l'ignorance totale des populations rurales concernées ou dans l'indifférence quasi-totale des citadins qui ne se contentent parfois que des discours officiels prononcés à la radio et à la télévision. Malgré le pacte signé en 2002 par 145 pays pour garantir l'accès à l'eau potable comme un droit à tous les hommes, dans certains milieux urbains et ruraux les avancées ne sont pas observables.

L'insuffisance des pratiques d'hygiène et d'assainissement d'eau constitue un autre problème autant dans les milieux ruraux qu'urbains. Moins de personnes se rendent compte qu'une faiblesse en matière d'hygiène et d'assainissement d'eau potable est cause de nombreuses pathologies qui fragilisent la vie aussi bien des enfants que des adultes. L'eau est ainsi un problème de santé communautaire.

Des recherches assez récentes indiquent que les comportements sociaux en matière d'eau potable n'ont pas évolué depuis des décennies et les maladies imputables à ces deux facteurs ne font que croître et plus de 80% des patients qui fréquentent les formations médicales souffrent des maladies dues à une déficience remarquée de l'hygiène et d'assainissement[1].

A cela s'ajoutent de mauvaises politiques publiques en la matière caractérisées par un faible engagement et par une absence de politique nationale claire et subventionnée sur la question. La persistance des maladies liées à l'eau potable allonge ainsi la liste des principaux facteurs, notamment l'insuffisance des programmes de sensibilisation, les us et coutumes du milieu, l'insuffisance des cadres qualifiés à cet effet, les problèmes de conservation d'eau et d'assainissement des eaux usées qui polluent les sources ainsi que les nappes phréatiques.

Puisque l'homme est le pire ennemi de ses semblables, le fût-il par ignorance ou par négligence, la question d'accès des communautés rurales et urbaines à l'eau potable mérite une attention particulière, non seulement en termes d'approvisionnement, mais aussi d'assainissement et de

---

[1] http.www.Grandslacs.net/doc, 2008, p.4

sensibilisation à une bonne conservation ainsi qu'à une bonne gestion de cette ressource en vue de limiter la morbidité subséquente.

Les observations de Rinko Kinoshita rejoignent notre préoccupation lorsqu'il établit que « si vous encouragez seulement la promotion de l'eau potable et que les gens ne se lavent pas les mains correctement, ceci ne va pas réduire la diarrhée. Alors nous avons pensé qu'il était important de concevoir un programme global avec différentes composantes, un programme basé sur la demande 'village assaini', qui exige qu'une communauté demande à y prendre part, après avoir consulté le gouvernement, et que les agences étrangères et la communauté locale cherchent à atteindre des objectifs tels que pourvoir 80% de ménages de toilettes correctes, 70% en eau potable[2] ».

L'objectif est de veiller non seulement à ce que l'ensemble des populations de la Province Orientale dispose en permanence d'approvisionnements en eau potable en quantité et qualité suffisantes ; mais aussi de préserver les fonctions hydriques en adoptant des comportements contribuant à la lutte contre les vecteurs des maladies liées à l'eau de consommation.

Cependant, le paradoxe c'est ce qu'exprime l'UNESCO qui précise que « comme la terre est couverte de deux tiers par les océans, il est difficile de croire que nous pourrions un jour manquer d'eau, et pourtant, seulement 2,5% des ressources en eau de notre planète sont constituées d'eau douce. Sur ce, les réserves disponibles pour les êtres vivants sous forme de fleuves, lacs, etc. ne représentent que 0,26% de la totalité d'eau douce. Ce qui représente environ 0,007% de toute l'eau de la planète[3] ».

Pour contourner ce paradoxe, l'Etat congolais a placé depuis 2006 la reconstruction du secteur de l'eau et de l'assainissement de l'eau potable comme une des priorités de la

[2] Http//WWW.eaurmc.fr/juniors/cahiers-ped., consulté le 20 juin 2010

[3] UNESCO, *Régime de la pollution des eaux souterraines dues à la circulation routière*, 2005, p.37

stratégie de croissance et de la réduction de la pauvreté qui va « *bénéficier à court terme d'une attention particulière de la part du gouvernement afin de mettre à la disposition des populations la quantité d'eau quotidienne correspondant à la norme et un espace vital plus soluble*[4] ».

Toutefois, les réalités de terrain contrastent avec les intentions en la matière. La République Démocratique du Congo en général, la Province Orientale en particulier, est un pays inondé où l'on meurt de soif. L'abondante hydrographie de cette région de forêt tropicale humide contraste avec la carence en eau de boisson de bonne qualité. « De l'eau partout, s'interroge Deibert[5], mais est-elle propre à boire?», surtout lorsqu'en mars 2011 le choléra refait surface au cœur même de la capitale provinciale Kisangani.

Il faut également considérer le grand challenge que soulève aussi la géopolitique de l'eau de la Province Orientale qui nourrit des conflits latents entre citadins et ruraux d'une part, et des conflits ouverts entre ladite province et ses voisins d'autre part.

En effet, malgré l'abondante provision en eau de pluie et de cours d'eau, l'accès à l'eau potable constitue un problème épineux de cette province de la République Démocratique du Congo où la forêt est l'une de plus humides de la planète. 46% seulement de la population (en majorité urbaine) a accès à l'eau potable, mais dans les milieux ruraux, environ 30% des sources d'eau sont potables. Le territoire de la province héberge des envahisseurs venus des pays voisins attirés par la verdure et l'hydrographie favorable à leurs activités agricoles ou pastorales. Un problème de partage se pose.

Pour le Centre de Recherche pour le Développement International[6] – CRDI- la disponibilité future de l'eau dépend de la

[4] MINISTERE DU PLAN, *Document de stratégie de croissance et de réduction de la pauvreté*, éd. 2006, p.24

[5] DEIBERT, M., *De l'eau partout, mais est-elle propre à boire?*, in http//www.ipsinternational.org/fr/note.asp?, consulté le 20 juin 2010

[6] CRDI, *Ressources mondiales, un guide pour l'environnement mondial*, Ottawa, Ontario, 1997

manière dont cette ressource naturelle sera aménagée. D'ici 2050, entre un milliard et 2,4 milliards de personnes vivront dans des pays où cette denrée vitale se fera rare, soit environ 13 à 20% de la population mondiale estimée. Bon nombre des pays africains autant que ceux de l'ouest asiatique seront concernés. L'Afrique dans son ensemble, poursuit Pierre-Alain Roche, est le continent où les questions d'eau pèsent lourdement sur son avenir. En effet, l'assainissement d'eau potable est une exigence qui mobilise des efforts conjugués aux plans politique, économique, technologique, environnemental et social pour lesquels le continent noir ne peut se tirer facilement d'affaire. Les efforts de gouvernance et les colossaux moyens matériels à mouvoir supposent une mobilisation prioritaire et participative de tous.

La carence d'eau potable et l'insuffisance des moyens d'assainissement entraînent près de dix millions de morts chaque année dont la moitié est constituée des enfants. La communauté internationale envisage la réduction de cette mortalité de moitié d'ici 2015 ; cependant, l'accès à l'eau potable pour tous ne sera possible qu'en 2025.

Le manque d'eau potable en quantité suffisante est une bombe à retardement qui pourra générer des conflits et risques incommensurables dans un avenir proche si l'on n'y prend pas garde dès maintenant.

Somme toute, comme nous venons de le dire, il n'y a pas que des problèmes d'approvisionnement en eau potable qui se posent, on dénombre également des questions de partage, de conservation, d'éducation ou de sensibilisation à l'hygiène de l'eau, de gestion et des politiques d'accès à l'eau potable pour tous.

Ce défi guette à tout moment la RDC en général et la Province Orientale en particulier, surtout en ce moment précis qui préconise la stratégie gouvernementale dont le secteur d'eau est l'un des cinq chantiers. Le problème d'hygiène et d'assainissement d'eau concerne plusieurs Ministères dont ceux de la Santé Publique et du Développement Rural qui doivent travailler en synergie avec les associations et les organisations de base. Les pays voisins n'étant pas non plus exclus.

Première partie : La géopolitique de l'eau

Chapitre1: La géographie de l'eau en Province Orientale

L'eau se trouve partout dans la nature mais sous trois états, notamment liquide, solide et gazeux. Ainsi distingue-t-on trois principales catégories de sources d'eau : l'eau gazeuse qui traîne dans l'atmosphère sous forme de vapeurs ou de nuages arrose la terre par des précipitations ; l'eau à l'état solide maintient en équilibre les réserves de cette ressource sous forme de glaces dans les zones polaires et enfin l'eau liquide inonde la planète à partir des rivières, cours d'eau et des nappes phréatiques.

Mais, d'une façon générale, on distingue l'eau de surface qui comprend l'eau disponible dans les cours d'eau et rivières ; ainsi que l'eau souterraine à partir des puits et des forages. Les eaux de pluie constituent également une source d'approvisionnement régulier dans une zone tropicale humide comme la Province Orientale.

Même si, en Afrique et ailleurs, certaines communautés humaines telles que les Bushmen recueillent l'eau des essences ligneuses (lianes, ignames, arbres), la plus grande majorité des populations de la Province Orientale du Congo recourt à l'eau de surface et à l'eau souterraine.

1.1. La géographie de l'eau de source

L'eau souterraine est recueillie à partir d'une source ou d'un puits. C'est l'eau qui s'échappe de la nappe souterraine qui collectionne l'eau de pluie et de surface sur une couche imperméable rocheuse ou argileuse. Cette eau n'est pas dans tous les cas propre à la consommation, car elle peut être contaminée par une installation sanitaire, une décharge atomique ou un dépôt d'ordures polluantes dans les environs.

En Province Orientale, la quasi-totalité des communautés villageoises se ravitaillent en eau à partir d'innombrables cours d'eau qui arrosent les forêts, les savanes, les pieds de montagnes et les marécages. Pour certains quartiers urbains ou de grandes agglomérations, les sources constituent les principaux points d'approvisionnement des ménages pauvres et démunis en cette denrée de première nécessité.

C'est autant dire que l'eau de source est disponible aussi bien en milieu urbain que rural sur l'étendue de toute la province. De l'ouest comme à Bondo, comme à l'est à Bunia ; de Dungu vers le nord jusqu'au sud comme à Isangi et au centre comme dans la localité de Niania, on trouve des sources. Des groupements tels que Mbilinga et des villages comme Maleke, Toli-Toli ou Kole recourent tous à l'eau de source. Toutefois, il existe d'autres sources d'approvisionnement telles que les rivières.

1.2. La géographie de l'eau de rivière

L'eau de surface est celle stockée dans des cours d'eau, rivières, lacs, fleuves et marécages. Cette eau est généralement exposée à toutes formes de contamination et doit être traitée avant toute utilisation en termes d'eau potable. Elle se trouve en quantité abondante dans toute la Province Orientale qui est presque entièrement située dans le bassin du fleuve Congo, à part quelques cours d'eau des territoires d'Aru, de Mahagi, de Djugu et d'Irumu tels que Kaya et Semliki qui font partie du bassin versant du Nil.

En effet, la Province Orientale regorge de grandes potentialités au point de vue hydrographique. Les précipitations abondantes gonflent d'eau les rivières de la région qui constituent une véritable industrie et qui, non seulement abreuvent les populations riveraines, mais aussi donnent du travail aux piroguiers, aux pêcheurs, aux chasseurs, aux orpailleurs et autres chercheurs.

La contrée en étude est un réservoir naturel d'eau dont les rivières les plus importantes sont :

- Au nord, la rivière Uélé qui traverse deux districts portant le même nom avant de fondre ses eaux avec celles de la rivière Mbomu qui fait la frontière naturelle avec la République

Centrafricaine. Les deux déversent leurs eaux dans l'Ubangi (Province de l'Equateur) qui se jette dans le fleuve Congo. L'Uélé a deux grands affluents non négligeables qui sont les rivières Gangu et Bili. Les agglomérations de Niangara et Bondo sont abreuvées par la rivière Uélé. Il faudra également signaler l'existence des rivières Dungu et Rungu qui fertilisent le sol et approvisionnent les habitants des cités portant les mêmes noms, sans oublier la rivière Lava qui arrose la ville d'Isiro dans le Haut-Uélé.

- Au centre de la province, la rivière Rubi qui baigne les cités de Buta et d'Aketi. Elle ramasse les eaux des rivières Tele et Likati pour les déverser dans l'Itimbiri qui est un affluent du fleuve Congo dans la Province voisine de l'Equateur.

- Presque parallèlement à l'Uélé, la rivière Ituri qui coule de l'est vers l'ouest en entraînant également les eaux de son affluent Nepoko, et qui termine sa course dans la rivière Aruwimi qui se jette dans le fleuve Congo après avoir vitalisé les villes d'Irumu, Panga, Banalia et enfin Basoko située au confluent du fleuve précité.

- La rivière Uma qui sépare les territoires de Bafwasende et d'Ubundu au point kilométrique 90 sur la route Ituri avant de se jeter dans la rivière Tshopo qui rencontre la rivière Lindi à Kisangani où elle se déverse dans le fleuve à une quinzaine de kilomètres de la ville.

- Coulant depuis sa source presque parallèlement au fleuve Congo dans lequel elle se jette vers le sud-ouest de la province, la rivière Lomami qui arrose la cité d'Opala et prend avec elle les eaux des rivières Lobaie et Etoli dans la région de Yatolema. La cité d'Isangi, qui est le pôle sensible de la contrée, bénéficie des bienfaits non seulement de la Lomami et du fleuve Congo, mais aussi de la rivière Lokombe qui passe non loin de là.

Si la rivière Maiko s'érige en colonne vertébrale de la vaste réserve du même nom qui s'étale sur les trois provinces du Maniema, du Kivu et Orientale, les rivières Avakubi et Epulu pourtant donnent la vie au territoire de Mambassa situé vers l'est de la Province Orientale. Toutes ces rivières sont du bassin versant du Congo.

Enfin, celles du bassin versant du Nil : la rivière Kaya qui est la frontière naturelle entre la Province Orientale et le Soudan se jette dans le fleuve Nil après avoir arrosé la région d'Aru. La Semliki qui traverse la plaine du mont Bleu sépare la Province Orientale et l'Ouganda ; elle se jette dans le lac Albert, considéré comme source du Nil après avoir à son tour inondé la cité de Mahagi.

La grande puissance hydrographique de la Province Orientale contraste avec la carence en eau potable. Elle représente par ailleurs un très grand enjeu pouvant susciter des politiques publiques musclées.

1.3. La géographie de l'eau du fleuve

«... tricolore enflamme-nous du feu sacré, pour bâtir notre pays toujours plus beau, autour d'un fleuve majestueux[7] *... ».*

Assurément, le fleuve Congo représente l'épine dorsale de la vie du Congo en général, mais particulièrement de la Province Orientale dans le parcours de laquelle il subit une inclinaison en direction du sud-ouest du pays.

Le majestueux fleuve Congo est sans nul doute la plus grande réserve hydro-électrique du monde avec un débit estimé de 23 à 75.000 m^3 déversés chaque seconde sur plusieurs kilomètres dans l'Atlantique.

Le territoire congolais est quasiment situé dans le bassin du fleuve Congo, sixième fleuve du monde par sa longueur (4700 km) et deuxième par son débit. Avec ses affluents, le fleuve Congo couvre près de 4.500 km de voie navigable aux barges jaugeant entre 150 et 350 tonnes et près de 3.000 km à celles d'au moins 800 tonnes.

Le cours du puissant fleuve Congo se subdivise en trois principaux biefs dont :

---

[7] Extrait de l'hymne national du Zaïre

Le bief supérieur appelé également Lualaba qui part de sa source près de la frontière zambienne jusqu'aux chutes Wagenia à la porte de Kisangani. Dans son parcours il arrose les villes de Bukama, Kasongo, et Ubundu. Pour contourner les chutes Wagenia et autres rapides, le pouvoir colonial y avait créé le chemin de fer Ubundu (ex Ponthiersville)-Kisangani (ex Stanleyville) aujourd'hui inexploité au profit de la voie routière.

Le bief moyen qui va de Kisangani à Kinshasa. Il est entièrement navigable sur une longueur de 1.724 km jusqu' aux chutes Kinsuka.

Enfin le bief inférieur qui reprend après Kinsuka jusqu'à l'océan Atlantique.

La Province Orientale se situe stratégiquement sur les deux cours supérieur et moyen. Les eaux du fleuve constituent à ce niveau l'habitat principal d'innombrables communautés des pêcheurs Wagenia, Lokele et Basoko qui se déplacent souvent sur une très longue distance à bord de leurs pirogues.

De plus, le fleuve Congo reste l'unique voie de communication entre Kisangani et la Province du Maniema via Ubundu. Il en est de même pour aller de Kisangani vers la province voisine de l'Equateur (Bumba, Lisala et Mbandaka).

Ses eaux facilitent également les mouvements des populations et de leurs biens en remontant celles de ses affluents Lomami, Itimbiri, Lindi, Aruwimi, Lokombe, Maiko, etc. Sans le fleuve Congo et ses affluents, la Province Orientale serait une région non viable et enclavée.

Les populations riveraines s'en servent pour leurs multiples usages en eau, en pêche et en transport.

1.4. La géographie de l'eau de pluie

Etendue sur une superficie qui représente environ le 1/5 de la superficie totale du Congo, la Province Orientale a une superficie totale estimée à environ 503.239 Km^2. Les températures annuelles moyennes se situent autour de 23.9° C.

Elles culminent parfois à 30° C au maximum et à 19° C au minimum.

Ses abondantes précipitations atteignent 2000 mm/an au Sud-Ouest, plus particulièrement dans le territoire de Yahuma) et 1.100mm/an à l'est dans la région du Lac Albert. Cette situation pluviométrique est à la base d'une variété phytologique et faunique très impressionnante. En effet, la Province Orientale est subdivisée en trois zones phyto-géographiques : la forêt (dans la Tshopo et le Territoire de Mambasa), la savane (au Nord des Uélé et de l'Ituri) et enfin une végétation hétérogène d'altitude composée de savanes arborescentes qui est caractéristique de la partie est de ladite province.

1.5. La géographie de l'eau du robinet

Malgré l'abondance de l'eau de source, de rivière, du fleuve ou de pluie, une certaine catégorie des populations orientales recourt à l'eau du robinet.

Héritière du système centralisé de la deuxième république, la distribution d'eau de robinet est une exclusivité de la REGIDES0 dont les capacités techniques et commerciales ne peuvent pas desservir l'ensemble des populations urbaines et rurales.

Un nombre restreint d'agglomérations bénéficient de ce service, notamment la capitale provinciale Kisangani, les chefs-lieux des districts Buta[8], Bunia et Isiro (5.000 m^3 par jour). Des localités telles qu'Ubundu (moins de 5.000 m^3 par jour), Watsa, Aketi, jouissent de la distribution d'eau grâce à un service minimum hebdomadaire ou journalier de moins de 5.000 m^3 par jour.

Pour l'unique ville de Kisangani estimée à un million d'habitants, la REGIDESO Tshopo et Lubunga fournissent respectivement près de 20.000 m^3 et 250 m^3 par jour à 8.871

[8] Buta, Opala, Aketi, Irumu, Watsa : stations par moments en arrêt par manque d'intrants et de purifiants.

ménages seulement. La grande portion des citadins et des ruraux s'approvisionnent grâce aux sources naturelles évoquées plus haut. Pour contourner cette insuffisance, le recours à l'eau minérale se fait de plus en plus jour, surtout dans les agglomérations urbaines et les ménages nantis.

1.6. La géographie de l'eau minérale

Plusieurs consommateurs des milieux aisés et instruits repoussent l'usage de l'eau naturelle généralement non traitée et contaminée. Face à l'indisponibilité de l'eau du robinet, le recours à l'eau minérale devient impératif.

Pourtant, il n'existe à ce jour aucune firme pour la fabrication d'eau minérale en Province Orientale. Paradoxalement à ses gigantesques potentialités qu'elle ne sait mettre à profit, elle se tourne vers l'importation à partir de la ville-province de Kinshasa ou des pays voisins et lointains à potentiel hydrique pourtant réduit. L'eau de Kirène provient du Sénégal, Canadian Pure est d'origine canadienne, Paani et Aqua cool sont fabriqués à Kinshasa, la marque Ruwenzori vient de Kampala en Ouganda, etc.

Ils sont distribués dans les shops, les pharmacies, les hôtels et les restaurants. Seule la Monusco disposait d'un centre privé de production destiné à son personnel. La consommation de l'eau minérale est un privilège que ne peut s'offrir qu'une infime minorité de nantis, d'étrangers ou encore de la haute classe dans les villes de la province. Les pauvres et les ruraux sont tenus à l'écart d'un pareil luxe.

Face au besoin croissant de la population, des acteurs de tout bord se mêlent à l'action en proposant à la population de l'eau en sachets dont les conditions de potabilité sont loin d'être garanties. Là encore se pose le problème d'une politique publique en la matière afin de protéger la population de toute propagation des maladies d'origine hydrique.

Contrairement à Kinshasa où les entreprises étiquètent leurs produits et les normes de conformité aux législations en vigueur ; à Kisangani l'eau en sachets que les enfants vendent provient plutôt des acteurs familiaux isolés opérant sans normes d'hygiène.

En effet, à l'instar des autres villes congolaises, Kisangani est une agglomération urbaine où la misère et la pauvreté terrassent l'essentiel de sa population. Pour tenter de faire face à cette pauvreté, plusieurs familles ont trouvé, dans le secteur informel de l'eau, la solution adéquate à leur impasse.

Chapitre 2 : L'eau de la Province Orientale dans la géopolitique régionale

Parler de la géopolitique de l'eau, c'est penser à la question de la répartition de l'eau comme ressource entre les communautés qui partagent un espace donné. Ces questions deviennent vite des problèmes politiques et sociaux lorsque les besoins en eau croissent exponentiellement par rapport à la disponibilité de cette ressource. Les conflits autour de l'utilisation de l'eau tournent en faveur des stratégies de puissance pour les Etats et les régions qui en disposent abondamment.

L'eau devient à la fois non seulement un enjeu pour la santé communautaire mais aussi un instrument non négligeable de politique étrangère, étant donné que plusieurs zones de tensions internationales le sont à cause du partage et de la gestion de l'eau entre les communautés.

Qu'en est-il des eaux de la Province orientale dont le potentiel est significatif ?

2.1. L'impact de l'eau de la Province Orientale dans la géopolitique de l'eau en RDC

La Province Orientale est limitée à l'ouest par celle de l'Equateur, au sud-est par la Province du Nord-Kivu, et au sud par les Provinces du Maniema et du Kasaï Oriental. Au point de vue interne de la République Démocratique du Congo, elle se place en deuxième position après celle de l'Equateur sur le plan de l'importance des rivières du bassin versant du fleuve Congo. Pourtant, seule la Province Orientale compte en plus de cela des cours d'eau orientés vers le bassin versant du Nil.

Les provinces qui partagent les mêmes eaux avec la Province Orientale sont le Katanga, le Maniema, le Kasaï Oriental et l'Equateur. En effet, le contact est indirect avec le Katanga au niveau des eaux du cours supérieur du fleuve Congo qui transitent par le Maniema ou encore par les eaux de la Lomami qui passent par le Kasaï.

Cependant, avec le Maniema, le Kasaï Oriental et surtout l'Equateur, le partage des eaux est souvent directement conflictuel suite à la protection de territoires de pêche sur le fleuve et sur ses affluents entre les populations autochtones et allochtones. Ces derniers sont parfois sommés de plier bagage ou d'accepter de payer des redevances aux princes locaux avant toute exploitation de leurs eaux. Dans certaines circonstances, ils ne peuvent accéder aux espaces coutumiers sous gestion traditionnelle des principautés locales.

Tel est le cas des pêcheurs migrants Lokele et des autochtones Ngbandi et Zande qui s'affrontent souvent pour le territoire de pêche sur la rivière Uélé ; ou encore de la confrontation entre les pêcheurs Lokele et les autochtones Mbuti (pygmées) sur les eaux de la rivière Epulu. La territorialité est aussi très remarquable chez les Enya dans l'organisation exclusive de la pêche sur les « Tolimo » ou chutes Wagenia à Kisangani.

Les disputes sont également fréquentes entre les trafiquants de bovins Hima[9] et les résidents du quartier Mbilingoni sur le partage des sources d'eau entre les bêtes et les humains dans l'hinterland de Kisangani.

Les conflits de partage d'eau s'observent également entre les citadins et les ruraux. Telles les escarmouches entre les camionneurs et taximen du centre-ville qui lavent leurs véhicules aux côtés des ruraux du quartier Motumbe qui combinent bain, vaisselle et lessive dans le petit ruisseau Kamundele qui traverse le Scholasticat Père Déhon dans la périphérie de Kisangani. Une telle promiscuité risque de favoriser des contaminations d'eau. Par ailleurs, il faut dire qu'elle résulte de la crise d'eau autant pour les citadins que les ruraux, sans oublier l'absence d'une politique d'hygiène d'eau.

[9] Avant de conduire leurs bêtes à l'abattoir de la ville, ils les font paître dans les quartiers urbano-ruraux.

Par ailleurs, dans la grande majorité des cas, les villages Mbole du territoire d'Opala ont comme limites naturelles les cours d'eau séparant les uns des autres et au-delà desquels l'intrusion étrangère est inacceptable. En 2008, un conflit avait opposé les deux chefs coutumiers de Lobaie et de Tooli situés de part et d'autre du point de traversée de la rivière Lobaie pour cause de dispute sur le revenu du trafic des personnes et de leurs biens sur ladite rivière. C'est dire que l'utilisation de toutes les ressources liées à l'eau obéit à une réglementation rigoureuse pour éviter des conflits.

Au regard de l'importance des rivières citées plus haut et de sa situation à la fois sur les deux biefs supérieur et moyen du fleuve Congo, la Province représente un volume d'eau certainement supérieur à celui des provinces voisines, à l'exception de l'Equateur.

Ce volume d'eau impressionnant de la province justifie l'intense activité dans le secteur de transport fluvial qui la met en contact avec les autres provinces du pays. L'exploitation et la circulation des produits de la pêche sont une autre activité qui place la province en bonne place : les poissons salés et fumés des eaux orientales (fleuve, rivière et Lac Albert) se consomment loin dans les autres villes non seulement du pays, mais aussi des pays voisins.

2.2. L'impact de l'eau de la Province Orientale dans la géopolitique de l'eau des pays voisins

Limitée à l'est par l'Ouganda, au nord par la République Centrafricaine et le Soudan, la Province Orientale partage directement ou indirectement ses eaux et leurs produits avec ces Etats.

Il n'y a pas de doute que la région de la frontière est de la Province Orientale appartient au bassin versant du fleuve Nil. Des contacts directs s'observent entre la Province et l'Ouganda dans l'utilisation des eaux du Lac Albert où la pêche, l'extraction du pétrole et du gaz deviennent des enjeux internationaux dans la région. Ici encore, la protection de territoires de pêche entre Ougandais et Congolais est souvent agressive au point que, plusieurs fois, la Police Ougandaise expose ses muscles sur les pêcheurs congolais dont l'Etat ne dispose pas d'assez de moyens de patrouille lacustre comme son voisin.

Depuis 1999, les dix Etats riverains du bassin versant du Nil ont lancé l'Initiative du bassin du Nil (IBN) qui regroupe le Burundi, l'Egypte, l'Erythrée, l'Ethiopie, le Rwanda, le Kenya, le Soudan, l'Ouganda, la République-Unie de Tanzanie et bien sûr la République Démocratique du Congo largement aussi située dans le bassin versant du Congo. Cette initiative élargit le spectre de la coopération sous-régionale basée sur l'utilisation de l'eau. La province y est représentée par le truchement du gouvernement national.

Le projet d'adduction d'eau de l'Ubangi vers le Lac Tchad ne laissera pas indifférente la Province Orientale dont les rivières Uélé et Mbomu alimentent l'Ubangi. Mais à quel titre dira-t-elle un mot si elle n'a aucune politique publique de l'eau.

En outre, les territoires de pêche sont sensiblement conflictuels entre les populations congolaise et soudanaise pour les eaux de la Semliki ou de la rivière Kaya qui constituent des frontières naturelles entre ces communautés. La commercialisation des produits de la pêche détermine les rapports entretenus entre les populations des deux rives, et par surcroît des deux pays.

Toutefois, corollairement à l'utilisation de l'eau, il faut également penser à d'autres ressources liées à l'eau dont regorge la Province Orientale et qui peuvent faire d'elle une puissance dans la région. Il s'agit de la forêt qui est florissante en bois, en chutes d'eau, en espèces fauniques rares, etc.

A ce niveau, outre le district de la Tshopo qui exporte son bois via Kinshasa, la capitale située à l'ouest, le district de l'Ituri (forêt de Mambasa) satisfait de plus en plus la demande de ses voisins de l'est : Ouganda, Rwanda, Kenya, etc. Les essences les plus exploitées sont : l'Afromosia, l'Iroko, le Limbali, l'acajou d'Afrique, l'Esenge, le Tola, le Kossipo, le

Sapeli, le Sipo, le Mukulungu, l'Olorongo, le Padouk, le Niove bosse claire, etc,

Les 377.000 Km^2 de forêt de la province comptent des parcs (la Garamba dans le Haut-Uélé), des réserves fauniques (Epulu en Ituri), des domaines de chasse et de pêche contenant des espèces rares telles que les rhinocéros blancs, l'okapi, les gorilles de montagne, les chimpanzés, les paons, les bonobos, les éléphants, etc. A cela s'ajoutent des sites touristiques tels que les chutes Wagenia et Tshopo, les cascades du mont Hoyo (Escalier de Vénus), la pêcherie de Ligugua, le village flottant des Lokele sur le fleuve Congo. Les 1.000.000 ha du parc Maiko centré sur la rivière du même nom sont partagés par les trois provinces de Maniema, du Nord-Kivu et Orientale. La plupart des rivières constituent également des carrières aurifères et diamantifères qui fondent des contacts stratégiques entre la province et ses voisins.

Cette forêt verdoyante qui pousse autour des eaux est aussi source de convoitise des voisins du nord pour qui les rivières Mbomu (avec la République Centrafricaine), Kaya et Uélé (avec le Sud-Soudan) représentent des enjeux à capitaliser par la Province Orientale. La présence des envahisseurs Mbororo (éleveurs nomades venus du Tchad, de la Libye et de la République Centrafrique) dans les territoires de Dungu et Niangara ainsi que des rebelles ougandais dans le nord de la province doit être posée non seulement en termes de souveraineté nationale, mais aussi en termes de partage des ressources hydriques et forestières dans la sous-région.

Somme toute, il apparaît clairement que la répartition des ressources hydriques est inégale entre la Province Orientale et ses voisins qui n'en disposent pas autant qu'elle. Pourtant, la province présente un profil bas dans la redistribution de cette denrée autant pour sa propre population locale que pour ses voisins qui lui fournissent en retour de l'eau minérale pour compenser la faiblesse de sa politique en la matière.

En effet, parler de géopolitique de l'eau c'est prendre en compte les préoccupations des parties et les traduire en décisions politiques. Ces différentes parties peuvent être des ruraux, des urbains, les démunis, les nantis, les contrées aréiques ou encore les communautés des pêcheurs qui entrent en compétition pour le partage et l'utilisation de l'eau.

Autant au niveau interne qu'externe, la Province Orientale n'a pas défini une politique publique en matière de partage d'eau entre les communautés. Ce qui isole de plus en plus les pouvoirs publics dans la résolution des conflits dus au partage de cette denrée de base et de ses produits. Ainsi par exemple, les problèmes Mbororo et LRA qui nécessiteraient une solution politique ou diplomatique avec leurs pays d'origine, semblent piétiner. Au niveau interne par contre, l'absence d'instrument de politique en la matière entraîne l'exode rural dans les milieux ruraux ou le recours en ville à la production informelle d'eau en sachets pour les populations en quête d'une eau de qualité.

Chapitre 3 : De l'eau sale à l'eau potable ou le paradoxe de l'or bleu dans la Province Orientale

Bien loin dans l'antiquité, le sage grec Thalès de Milet avait considéré l'eau comme source de toute chose. Les juifs de leur côté, malgré le fait qu'ils l'alignaient au rang des créatures, immortalisaient l'eau presqu'au même titre que l'esprit de Dieu qui planait dessus. Les traditions indiennes invoquent les eaux du fleuve Gange comme une divinité.

En Afrique, l'eau est au centre de la vie des communautés humaines qui y recourent dans les différentes activités vitales de leurs existences. Sa grande importance dans la vie des êtres lui confère une référence incontournable dans les récits mythologiques et cosmogoniques dans plusieurs traditions africaines. La tradition égyptienne hisse les eaux du Nil au rang de divinité. Ces considérations ne diffèrent guère de celles de la région de la République Démocratique du Congo concernée par cette étude.

Lorsque l'on considère que l'eau recouvre environ 71% de la superficie de la planète, et qu'elle est l'unique composé chimique présent sur la terre à la fois à l'état liquide, solide et gazeux ; les propos du sage de Milet méritent leur pesant d'or.

L'eau est abondante sur la planète, mais elle se répartit inégalement dans les différentes régions du globe. Elle est une inégalité à la fois géographique, mais surtout sociale. L'Afrique tropicale et équatoriale constitue un grand réservoir d'eau de pluie, de ruissellement et de l'importante hydrographie qu'hébergent les grandes étendues de forêts de la région. La République Démocratique du Congo, en général, et la Province Orientale en particulier, regorgent d'énormes potentialités en la matière.

Située au nord-est de la République Démocratique du Congo et étendue sur une superficie de 503.239 Km^2 allant du premier parallèle Nord et du 23ème au 31ème méridien à l'Est du Greenwich, la Province Orientale est une région d'abondantes précipitations telles que présentées plus haut. Quasiment située dans le bassin du fleuve Congo, la province compte des grandes rivières telles que précédemment citées: Tshopo, Lindi, Aruwimi, Itimbiri, Lomami, Uélé, Ituri, Mbomu, Bomokandi, Bima, Nepoko, Dungu, Bili et Rubi qui donnent la vie à près de 10.000.000 d'habitants. De l'eau en abondance, mais pour quoi faire et comment ?

Désignée parfois comme l'or bleu, l'eau est abondante sur la planète, pourtant elle n'est pas toujours potable. L'eau de boisson est une ressource rare. Sa rareté est due non pas du fait de la quantité disponible, mais surtout de sa qualité dans les divers usages qu'en fait l'homme.

Comme ressource naturelle, l'usage de l'eau est, soit direct comme boisson, soit indirect comme biotope pour la faune, la flore ou les communautés humaines. L'eau peut être considérée comme une matière première pour la production industrielle ou encore comme une valeur culturelle et esthétique dans le cas de l'industrie touristique.

3.1. L'utilité de l'eau pour les communautés locales

Les besoins en eau se font sentir dans différentes activités des communautés locales. L'eau d'usage est une denrée essentielle pour la vie et la survie des humains que ce soit au niveau biologique, social ou culturel.

La démographie de la région concernée est composée de mosaïques de peuples, mais les usages d'eau sont globalement les mêmes du Nord au Sud, de l'Est à l'Ouest, et même chez ses voisins. L'eau représente 65% de la masse d'un être humain mature et se renouvelle en permanence par de nouveaux apports quotidiens qui oscillent en moyenne, selon le climat, autour de 1 à 3 litres d'eau par jour. L'eau est ainsi indispensable au maintien en équilibre du corps humain qui la perd quotidiennement par voie d'excrétion urinaire et fécale, de transpiration et/ou de respiration.

Un homme adulte enregistre des pertes d'environ 2 litres par jour sous le climat chaud de la Province Orientale. Sans de nouveaux apports, il ne peut survivre au-delà de deux à trois jours. Il ne peut dépasser les quatre jours qu'à condition d'éviter tout effort physique.

Outre son utilité de constituant essentiel du corps humain, l'eau intervient dans plusieurs autres usages. Elle est abondamment utilisée dans les ménages pour la boisson, la lessive, la cuisson des aliments, l'utilisation des latrines, la vaisselle, etc. Le nettoyage et l'entretien de l'habitat exigent l'eau de bonne qualité et en quantité suffisante.

L'eau est également utilisée dans les pratiques magico-religieuses de la quasi-totalité des populations congolaises et de la Province Orientale aussi bien rurales qu'urbaines, chrétiennes, musulmanes qu'animistes. Symbole de la purification, elle est présente dans les rites de passage, de purification et de pardon entre membres d'une communauté. Les néophytes sont baptisés par immersion dans l'eau, le prêtre ou le devin patafiole par aspersion d'eau bénite ou sacrée, et par ailleurs des frères ennemis enterrent leur différend par ablution. Dans certaines coutumes locales, l'eau est une denrée vitale, un don gratuit de Dieu aux hommes, on ne peut donc le vendre à quiconque a soif. Si l'eau de surface fait défaut pour arroser leurs champs, elles demandent au Premier Etre de l'Univers de leur accorder les eaux du ciel. La pluie est ainsi considérée comme une bénédiction.

Dans les communautés pastorales (Hima de l'Ituri) et paysannes (Mbole d'Opala), l'eau est très nécessaire pour l'élevage et l'agriculture. Le maraîchage, le jardinage et l'élevage exigent l'eau en abondance. Les travaux de construction d'immeubles dans les centres urbains (Kisangani, Bunia, Isiro, etc) consomment énormément d'eau. Dans les communautés riveraines telles que les Lokele, les Enya et les Basoko, l'eau est un habitat qui leur sert de villages flottants. Les eaux du fleuve sont un gagne-pain pour la plupart des ménages qui y pratiquent la pêche.

En milieu urbain comme en milieu rural, l'eau constitue un déversoir. En même temps, on se baigne dans les eaux du fleuve Congo et des cours d'eau ou rivières ; c'est dans les mêmes eaux que les populations riveraines défèquent et rejettent les rebuts de leurs usages multiples.

Les grands égouts de la ville de Kisangani, capitale provinciale, se déversent dans les eaux du fleuve Congo, bien en amont des centaines des communautés villageoises et même d'autres centres urbains qui utilisent les mêmes eaux pour leur ménage. Un nombre impressionnant de voyageurs en bateau ou en pirogue n'ont guère de choix à faire pour se servir des eaux du fleuve ou des rivières pour le breuvage ou la toilette.

Les entreprises industrielles telles que la SOTEXKI, la SORGERI, l'OKIMO et autres de peinture utilisent de grandes quantités d'eau dont les rebuts de polluants sont également reversés dans les eaux du fleuve ou des cours d'eau avoisinants.

Les exploitants des huileries et des savonneries alternatives se servent de grandes quantités d'eau dans plusieurs villages et autour de plusieurs centres urbains de la contrée. Ils polluent sensiblement bon nombre de cours d'eau en aval de leurs installations de fortune.

Quelques villes de la région sont alimentées en électricité à partir des barrages hydroélectriques. Ici encore, sans eau, le barrage de la Tshopo qui alimente la ville de Kisangani ne serait pas opérationnel. Les cités de Bunia et Dingila sont également alimentées en sources d'énergie hydroélectrique. Il est énorme, le bénéfice indirect et imperceptible à vue d'œil qu'apporte le courant électrique à la vie et survie des communautés locales : le développement de l'industrie, le commerce, les institutions sanitaires, les offices, dépendent tous des services de l'électricité.

Toutefois, ces multiples usages de l'eau ne vont pas sans soulever l'épineux problème de l'évacuation et, par conséquent, de la gestion des eaux usées des ménages et des industries. Combinée au problème de sources d'approvisionnement, la question des eaux usées pose celle de la rareté de l'eau potable.

Comme dit plus haut, en République Démocratique du Congo, la Province Orientale, avec celle de l'Equateur, compte le réseau hydrographique qui est l'un des plus riches du pays, voire de l'Afrique Centrale. Mais ce vaste pays au cœur du continent africain est parmi les pays dont le taux d'approvisionnement en eau et l'assainissement figurent parmi les plus bas de la planète et ont considérablement baissé au cours des 20 dernières années. Selon des statistiques[10] établies récemment, 22% de la population ont accès à l'eau potable et 9% à un système sanitaire adéquat. Ce signe d'alarme ne trompe pas, un regard analytique sur la question est plus que pertinent aujourd'hui.

Classée dixième cible des Objectifs du Millénaire pour le Développement, à l'approche du délai butoir de ce projet, la Province orientale a ses perspectives de réussite qui s'amincissent et s'amoindrissent. Dans cette région marquée par la guerre et les troubles intempestifs des bandes armées, la guerre de l'eau est loin de déposer les armes à un an de la fin de la législature de cinq ans qui avait proclamé l'eau comme un des cinq chantiers prioritaires.

Prises dans l'étau qui sert globalement tout le pays, les infrastructures hydrauliques datent en grande partie de l'héritage colonial. Dans les années 1970 et 1980, le pays avait fait un effort très remarquable pour le développement des installations dans le secteur de l'eau au point de doubler l'accès à l'eau potable avec le concours du financement extérieur. Le programme de coopération interrompu à la veille des années 90 caractérisant l'instabilité politique, a certainement contribué à l'effritement de la situation et à la pénurie de cette ressource, surtout en milieu rural.

La distribution de l'eau potable étant sous la gestion de l'entreprise publique REGIDESO qui éprouve d'énormes problèmes de gestion en termes de coût d'importation d'intrants pour l'assainissement, la fourniture irrégulière et intermittente d'eau aggrave la carence de la denrée, même dans les grandes

---

10 http//www.kfwentwicklungsbank.de/Office Congo,DR/activities/eau potable pour quinze villes de la RDC.jsp, consulté le 5 juin 2010.

agglomérations où les populations recourent souvent au ramassage d'eau de tout bord. Une étude, menée en mars 2010 par l'International Population Service (IPS), par exemple, a évalué les besoins en eau potable « pour la seule ville de Kinshasa à 527.500 m^3 par jour, alors que l'entreprise publique congolaise qui a le monopole de production et de distribution d'eau (la REGIDESO) n'en fournit que 337.500 m^3 par jour, soit un déficit journalier de 42% équivalent à 220.000 m^3 par jour. Cela a comme conséquence une augmentation sans cesse de la demande d'eau au fur et à mesure que les populations s'accroissent et que les activités industrielles et l'agriculture par irrigation continuent à prendre de l'ampleur[11] ».

Ainsi, la dégradation et la vétusté des infrastructures, le manque d'entretien, le manque de financement pour l'exploitation des réseaux et l'insalubrité des sources d'approvisionnement disponibles dans les milieux ruraux contribuent également à la rareté de l'eau potable comme ressource de première nécessité.

En outre, l'essentiel de la distribution se trouve dans quelques agglomérations urbaines telles que Kisangani, Bunia, Isiro, Ubundu, Aketi, Watsa et autres. Pourtant, dans plusieurs autres villes et centres urbains, ces installations ne sont plus que classées au rang de cheval de Troie. Dans la grande majorité des populations tant urbaines que rurales, l'accès à l'eau passe par la voie du puisage ou du ramassage des sources diverses : puits, rivière, pluie, etc.

3.2. De l'eau en abondance, mais est-elle potable ?

La question de la potabilité de l'eau de boisson ou de ménage insinue celle de la qualité exigée pour la consommation sans risque de ladite denrée. Plusieurs sources concordantes affirment que, jusqu'au début du siècle dernier, le recours aux organes des sens était la seule mesure d'appréciation de la qualité de l'eau. Ainsi, était-elle fonction de son goût agréable,

---

[11] TSHIBAMBA, S.O., *La problématique de la gestion intégrée des ressources en eau en RDC : analyse et stra*tégie, minister@memoireonline.com, consulté le 25 mai 2010

dépourvue d'odeur et de couleur. La seule présentation physique de clarté suffisait pour induire sa potabilité. Cette considération liée à l'ignorance, a conduit à des catastrophes humanitaires sans précédent ou à des épidémies de choléra et de dysenterie qui ont décimé des milliers d'êtres humains dans le passé.

Aujourd'hui, on a changé la donne. Avec l'instruction et le développement de la science, la température et le caractère organoleptique de l'eau (saveur, odeur, couleur, limpidité) sont passés au peigne fin du laboratoire physique, chimique et bactériologique. Les conditions de transport, de conservation et d'évacuation sont minutieusement contrôlées. Ces normes ont pour but « *de protéger les consommateurs contre les effets indésirables liés à la présence des produits chimiques ou d'éléments microbiens dans l'eau ou encore de garantir l'hygiène et la santé*[12] ». Les normes exigées par l'Union Européenne se présentent comme suit :

N°	Eléments	Unités	Normes
1	Couleur	Mg/l Pt-co	0-20
2	Turbidité	JTU	0-4
3	Odeur	-	Taux de dilution 2-12°c ou 3-25°c
4	Température	°c	12-25°c
5	Chlorure	Mgcl2/l	0-25
6	Sulfate	Mg/l	0 à 250
7	Calcium	Mg/l	0 à 100
8	Magnésium	Mg/l	0 à 50
9	Oxygène dissous	% de 02	O à 75

[12] RODIER, J., *Analyse de l'eau*, Paris, Dumont, 1978, p.1363.

10	Nitrite	Mg/l	0 à 0.1
11	Cobalt	Mg/l	0 à 200
12	Cuivre	Mg/l	0 à 100
13	Coliformes fécaux	N.P.P./100 ml	0
14	Coliformes totaux	N.P.P./100 ml	0
15	Germes totaux	N.P.P./100 ml	10 à 37°c
16	Streptocoques fécaux	N.P.P./100 ml	0

Une eau potable est celle qui porte une série de qualités chimiques, physiques et bactériologiques non nuisibles à la santé. La qualité physique fait allusion à une eau incolore, inodore, insipide, fraîche et dont la température oscille entre 7 et 17°c. La qualité chimique, quant à elle, renvoie au fait que l'eau potable ne doit pas contenir de substances chimiques, ni toxiques, ni d'éléments polluants. Elle ne peut contenir qu'un faible taux de sels minéraux qui lui assure une saveur agréable et une valeur nutritive certaine. La qualité bactériologique ou biologique épargne l'eau des germes pathogènes et des parasites.

La potabilité de l'eau est garantie à la seule condition d'être non pathogène ou mieux d'épargner les consommateurs des pathologies liées à l'absorption d'eau souillée : les maladies parasitaires telles que l'amibiase et la verminose, les maladies diarrhéiques comme le choléra et la dysenterie, l'intoxication, etc.

Toutefois importe-t-il de constater que les normes de potabilité varient d'un pays à l'autre, d'un contexte socio-culturel à l'autre. L'Organisation Mondiale de la Santé, pour sa part, fixe les paramètres de potabilité comme suit :

- L'eau potable doit être exempte d'organismes pathogènes, en particulier de salmonelles dans 5 litres d'eau prélevé, de staphylocoques pathogènes dans 100 ml d'eau prélevé et d'entérovirus dans un volume ramené à 10 litres d'eau prélevé.

- 95% au moins des échantillons prélevés doivent être exempts de coliformes dans 100 ml d'eau.
- L'eau ne doit pas contenir de coliformes thermotolérants ni de streptocoques fécaux dans 100 ml d'eau prélevé.
- L'eau ne doit pas contenir plus d'une spore de bactérie anaérobie sultito-réductrice par 20 ml d'eau prélevé.

En grande partie, les paramètres de l'OMS rejoignent ceux de l'Union Européenne susmentionnés. D'autres recherches récentes[13] relèvent également que l'eau destinée à la consommation ne doit contenir aucun germe nocif à la santé. Ces germes sont principalement les bactéries, les virus et les parasites. La pollution de l'eau peut être d'ordre chimique, physique et fécal. Dans la ville de Kisangani et ses environs, presque toutes les maladies à transmission hydrique résultent de la pollution fécale des eaux de boisson.

La réponse à la question posée au début de cette section est non. Il y a de l'eau en abondance dans l'environnement physique de la Province Orientale, mais l'eau potable est rare. L'ignorance des règles d'hygiène, l'analphabétisme et l'absence de campagnes de sensibilisation ou de prévention des maladies hydriques augmentent chaque jour les chances de nouvelles contaminations. Dans une enquête plus récente menée dans la cité d'Ubundu à 125 km de Kisangani, nous avons pu constater que 2 personnes seulement sur 100 avaient la connaissance exacte de la qualité bactériologique et chimique de l'eau distribuée par la REGIDESO dans cette localité. Dans les villages à la ronde de ladite cité, 8 personnes sur 10 estiment que la clarté de l'eau garantit sa potabilité, rien de plus. Des millions d'êtres humains sont ainsi exposés en permanence à

---

[13] KAZADI et al. « Détection et dénombrement des quelques indicateurs de pollution fécale dans les eaux de consommation », in *Les Cahiers du CRIDE*, Nouvelle série, vol 3, n°1, décembre 2005

des contaminations et à des maladies hydriques attribuées faussement à la sorcellerie.

Dans les zones forestières, des dizaines de milliers d'êtres humains concentrés dans les carrières d'exploitation artisanale d'or et de diamant sont exposés à prendre l'eau de surface des cours d'eau dans la forêt équatoriale. Il n'est pas, par ailleurs, rare de constater que même les sources aménagées par les ONG finissent par sécher sous le coup de l'ensablement ou d'un captage maladroit.

L'accès à l'eau potable cesse ainsi d'être une affaire de biologiste ou des ingénieurs en mécanique de l'eau, il devient une question sociale, un problème de société et de qualité de vie.

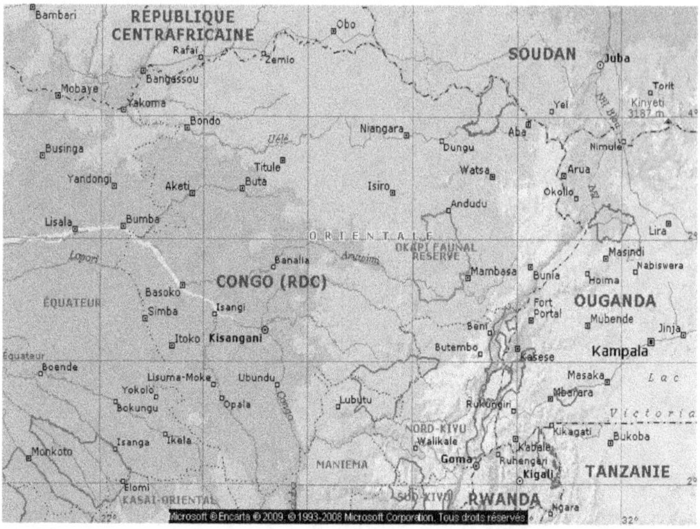

La Province Orientale entre deux bassins versants (Encarta 2008)

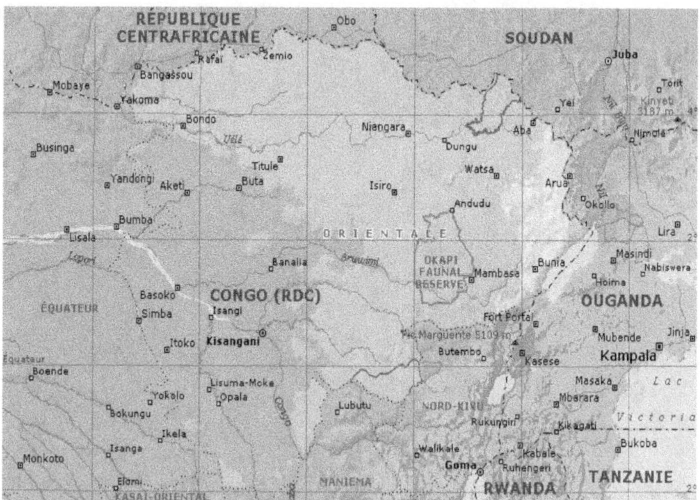

La Province Orientale dans la géopolitique de l'eau (Encarta 2008)

Deuxième partie : Gouvernance de l'eau ou politiques publiques de l'eau.

Introduction

En République Démocratique du Congo, la production et la distribution d'eau sont confiées à l'entreprise publique REGIDESO dans le milieu urbain ; ce n'est que récemment en milieu rural que la mission a été confiée au Service National d'Hydraulique rurale. Jadis entreprise publique à caractère technique, industriel et commercial, la REGIDESO est muée en 2010 en une société commerciale en vue de faire face à ses problèmes de gestion.

En effet, forte de 94 stations à travers le pays, pour une capacité totale de près de 303 millions de m^3 par an et de plus de 11.000 km de réseau, ladite société éprouve d'énormes problèmes de gestion dus à la vétusté et au manque d'entretien du réseau, au déficit financier pour achat des intrants, et à l'absence d'une politique publique stratégique en la matière.

En effet, partie d'une initiative privée belge en 1929, la distribution d'eau de la colonie devient l'affaire du Ministère belge des Colonies à partir de 1930. Les villes de Stanleyville, Coquilathville, Goma et Matadi vont allonger la liste après Léopoldville et Elisabethville. Après le départ des experts qualifiés à l'indépendance, la responsabilité de l'eau fut confiée à 'La Communière' jusqu'en 1978, date de la création de la Régie de Distribution d'eau, communément appelée REGIDESO.

Unique organe de traitement des immenses potentialités d'eau du pays, la REGIDESO n'a pas pu mettre en place une politique de commercialisation des eaux congolaises en dehors de ses frontières, de même qu'elle n'a pu le faire pour la grande majorité de l'intérieur. Encore moins le Service National d'Hydraulique rurale qui ne fait que balbutier sa prestation.

Le grand Congo ne sait mettre à profit ses grandes capacités hydrographiques. Les multiples richesses générées par le revenu des activités liées à l'eau sont quasiment au point de ne pas faire du Congo un pays compétitif dans la sous-région. Aucune usine de transformation de ses poissons, de ses bush-meat, du bois, de commercialisation de l'eau, ou de la production hydro-électrique ne couvre les besoins internes et externes.

Ce qui est dit au plan national l'est, mutatis mutandis, au plan provincial par une filiation presque congénitale de ces mêmes services représentés avec les mêmes faiblesses en Province orientale.

La très grande centralisation de ce secteur fait que l'Etat est le seul acteur principal. Mais depuis les années de guerre, en Province Orientale, on a vu naître des nouveaux acteurs dans ce domaine, même s'il existe encore de grands problèmes de synergie dans l'action.

Située entre deux grands bassins versants du Congo et du Nil, la Province Orientale ne fait que figure de maillon faible dans la gouvernance stratégique de l'eau dans ses limites comme avec ses voisins.

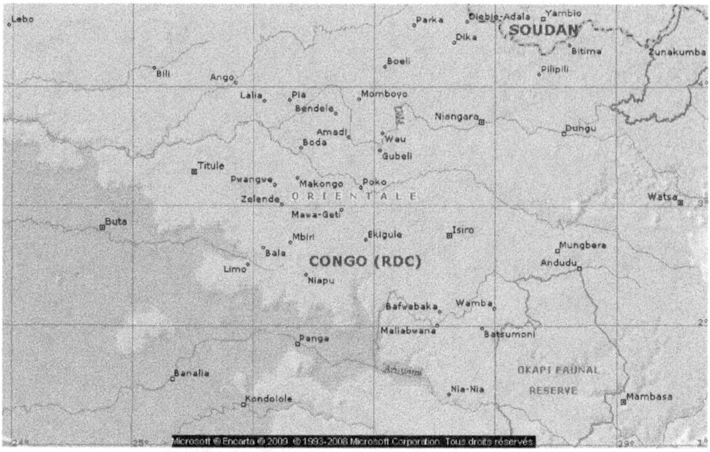

Le nord hydrographique de la Province Orientale (Encarta 2008)

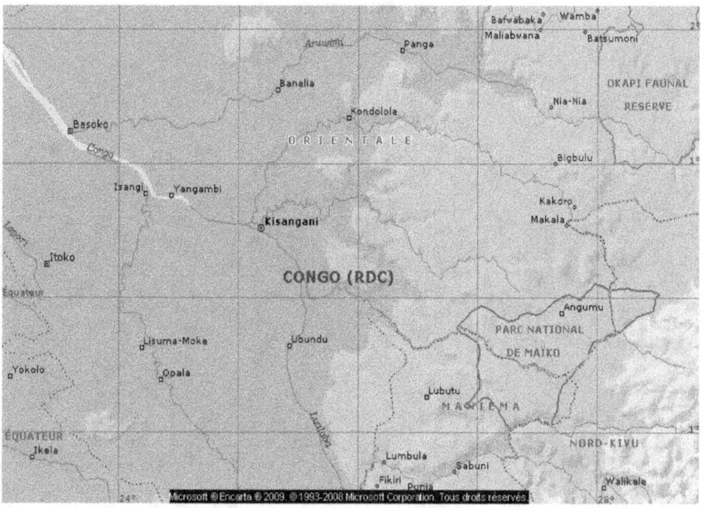

Le sud hydrographique de la Province Orientale (Encarta 2008)

Chapitre 4 : L'eau propre est une question sociale

Longtemps, la question de la potabilité de l'eau domestique a été la chasse gardée des hydrobiologistes et des techniciens de l'épuration d'eau ou encore des spécialistes des eaux et forêts. Tout comme le problème de la conservation de la forêt et/ou de la biodiversité, l'approvisionnement en eau de consommation se mue en un défi qui associe transversalement les sciences les plus diverses dont les sciences sociales.

En effet, l'accès à l'eau potable constitue un des défis majeurs de la planète Terre au 21è siècle. Bien que cette dernière soit en grande partie recouverte d'eau, des milliers de personnes souffrent encore de la carence d'eau nécessaire à la satisfaction de leurs besoins vitaux. La plus grande partie de cette population qui n'a pas accès à l'eau potable vit en Afrique menacée par la désertification et la sécheresse. L'avancée des deux déserts du Sahara au Nord et du Kalahari au Sud, les perturbations climatiques constatées ça et là, l'assèchement du Lac Tchad et la déforestation à grande échelle signalée en Afrique Centrale augurent un lendemain peu prometteur.

Alors que 97% de l'eau de la planète est salée (eau de mers et océans) et 2% contenus dans les glaces polaires, 1% seulement reste disponible et pour les hommes et pour le bétail. Ainsi, autant des conflits sociaux naissent autour de l'eau, autant il y a d'accords signés entre les Etats et les communautés pour la répartition équitable de ladite ressource. Les chiffres sur la répartition et l'utilisation inégales de l'eau entre les pays sont inquiétants : un Américain consomme en moyenne 600 litres d'eau contre 200 litres pour un Européen et 30 litres seulement pour un Africain. Par ailleurs, les pays sahéliens sont confrontés à de plus gros problèmes d'approvisionnement en eau que les pays de l'Afrique Centrale ; les populations rurales le sont plus que les populations urbaines. Les pauvres ont plus de difficultés d'accès que les nantis.

L'absorption de l'eau impropre à la consommation entraîne des problèmes de santé communautaire qui aggravent encore les problèmes de la pauvreté. Le cycle infernal entre la carence en eau potable et la pauvreté risque de se perpétuer indéfiniment. L'eau est ainsi devenue une question d'inégalité sociale.

Pour conjurer les effets néfastes de la carence et de la répartition inégale de l'eau potable entre les communautés humaines, plusieurs accords bilatéraux et multilatéraux sont signés entre les gouvernements. Des politiques publiques voient le jour au fil du temps. Des acteurs nouveaux s'insèrent dans la lutte commune contre la rareté de l'eau et forment des réseaux d'actions intégrées.

Il va sans dire que, si la politique de l'eau doit intégrer la viabilité économique, il n'en est pas moins indispensable qu'elle s'étende sur une approche de solidarité sociale, la coopération avec les pays les plus démunis en la matière, la responsabilité écologique et l'utilisation rationnelle durable de la ressource pour ne pas compromettre les besoins des générations à venir.

C'est dire que la question d'accès à l'eau évoque des problèmes de gestion, d'organisation, de discrimination de tout genre et d'éducation. Outre les phases techniques d'épuration, l'accès à l'eau potable exige également des phases dites sociales : celles liées à l'utilisation rationnelle, au partage entre communautés, à l'éducation à l'hygiène et à la mise sur pied d'organisations des utilisateurs locaux dont le rôle est parfois très déterminant pour la pollution dérivant des activités anthropiques. Bref, il s'agit de questions de gouvernance qui se montrent impératives.

A ce titre, il existe des incidences réciproques entre la qualité de l'eau et l'évolution démographique. En effet, les besoins de l'homme en eau augmentent au fur et à mesure que le volume de population progresse. La pollution de l'eau augmente également avec l'intensité des activités industrielles et artisanales dans les grandes agglomérations plus que dans les villages.

Les problèmes d'accès à l'eau sont des faits de société qui posent des questions d'accès aux ressources qui caractérisent, ces dernières années, les études sur la pauvreté, les catastrophes humanitaires, les maladies endémiques, le VIH/SIDA, la faim, la malnutrition, etc.

Les sciences sociales du développement analysent à juste titre toutes ces situations qui sont « *en fait autant des problèmes qui deviennent l'objet de politiques d'interventions internationales, de programmes d'aide, de mise sur pied d'institutions que les organisations internationales labellisent à leur tour, lutte contre la pauvreté, aide humanitaire, organisation non gouvernementale (ONG), soins de santé primaires, aide alimentaire d'urgence (...) campagne de vulgarisation ou de prévention*[14]».

4.1. L'eau, une question de santé communautaire

Malgré les progrès accomplis dans la mise en place d'un système moderne de prévention et de soins, le Sahel, par exemple, demeure une région au monde où l'espérance de vie est plus faible. Les enquêtes faites au début et à la fin des années 1980 montrent qu'en milieu rural l'eau consommée est impropre car, lorsqu'elle est puisée, elle est polluée durant son transport ou son stockage faute des notions d'hygiène élémentaires.

Cette observation vaut également pour les ruraux de la Province Orientale. La fréquence des maladies intestinales dans les villages et le taux de mortalité infantile élevé entre 1 et 5 ans (lorsque les enfants, sevrés, deviennent des proies faciles pour les maladies causées par l'eau) montrent le progrès qu'il reste à accomplir. Non seulement les villages demeurent en grande partie exclus d'un système moderne de santé, mais ils ne bénéficient pas d'une amélioration de l'hygiène qui ne demande pourtant que des moyens simples et peu coûteux[15].

Les milieux urbains, gonflés extraordinairement par les excédents des populations dus à l'exode rural qui prolonge des

---

[14] COPANS,J., *Développement mondial et mutations des sociétés contemporaines*, Paris, Armand Colin, 2006, p.7

[15] GIRI, J., Le Sahel de demain. Catastrophe ou Renaissance, 2è éd., Nivelle, Terre et Vie, 1988, p. 20.

chapelets de bidonvilles et des quartiers de squatting, n'échappent pas à ces maux.

A Kisangani, qui est la capitale provinciale, se développent de vastes tentacules tels que les agglomérations Mangopi au Plateau Médical et Mutumbe au Plateau Boyoma dont l'habitat ne diffère guère d'un village. Les populations recourent au ramassage d'eau et à l'eau des puits, alors que la densité de la population est très significative. Les maladies d'origine hydrique (par absorption et par rejet des eaux usées) connaissent une endémie prononcée.

En ville comme à la campagne, des ménages démunis se ressourcent en eau grâce aux puits, aux sources non aménagées et à l'eau de surface généralement polluée et infectée par des parasites ainsi que des bactéries. Les conséquences sur la santé communautaire réduisent le niveau de force de travail pour le développement national ou du milieu.

4.2. L'accès inégal à l'eau.

En considérant les chiffres avancés plus haut par les différentes organisations, l'on se rend compte que l'eau est l'une des ressources naturelles les plus indispensables à la vie mais malheureusement inégalement répartie en quantité comme en qualité.

Pourtant, l'eau est la dixième cible des Objectifs du Millénaire pour le Développement, les autres cibles, telles que la Santé et l'Agriculture, ne peuvent être atteintes sans eau. Ces inégalités vont du niveau de vie à la zone de résidence : les nantis ont plus d'accès en quantité et qualité que les moins nantis, les citadins l'emportent sur les ruraux, les anciennes villes et anciens quartiers coloniaux ont plus d'accès que les agglomérations post-coloniales et les quartiers périphériques. Certaines régions en disposent moins que les autres.

Avec l'accroissement démographique, les services sociaux de base s'avèrent de plus en plus inaccessibles aux populations sans revenu, surtout celles habitant les quartiers nouvellement lotis qui ont du mal à se faire raccorder en eau et en électricité, faute de moyens. Ces quartiers, étant les plus peuplés de la ville de Kisangani, sont ceux dont l'inaccessibilité à l'eau potable est plus prononcée comme l'indique le tableau suivant :

Tableau 1 : Points d'accès à l'eau potable

Villes :	Kisangani	Ubundu	Mbilinga	Maleke
accès:				
puits	✓	✓	✓	✓
rivière	✓	✓		
robinet	✓	✓		
source	✓	✓	✓	✓

Il va sans dire que traqués par la pauvreté urbaine, les citadins de Kisangani et d'Ubundu font la débrouille de l'eau et recourent à tous les moyens d'approvisionnement. Ceux des milieux ruraux font la même chose pour les sources disponibles dans leur milieu.

L'accès à l'eau potable pour tous est un véritable problème pour les ménages. Ces inégalités sont souvent causes de conflits entre les communautés, voire entre les hommes et les troupeaux de bétail qui s'abreuvent dans les mêmes sources.

Au Quartier Mbilingoni dans la Commune de Kisangani, les troupeaux de bétail des éleveurs Hima qui partent de Bunia (environ 800 km) sont parqués dans les faubourgs de la ville de Kisangani en attendant d'être acheminés vers l'abattoir public se trouvant à l'autre bout de la ville, dans l'entretemps, ils se disputent l'accès aux cours d'eau de la contrée avec des centaines de paysans qui reviennent des champs avant la tombée de la nuit.

4.3. La solidarité autour de l'eau

Parmi les opportunités que l'accès à l'eau crée, il faut compter la solidarité locale et internationale pour la fourniture, l'aménagement et la gestion prospective de cette denrée rare.

En effet, autour de l'eau, plusieurs organisations ont vu le jour afin de promouvoir la qualité de vie des communautés en leur fournissant de l'eau potable en quantité et qualité suffisantes. Des efforts mutuels se rencontrent, des comités d'eau s'organisent par village, des réseaux d'organisations non gouvernementales se forment au niveau tant local, national qu'international.

Dans le cas qui concerne le Secteur de Lubuya-Bera autour de Kisangani, le Comité International de la Croix Rouge, l'Handicap International et les Comités d'eau locaux, pour la plupart gérés par les femmes, travaillent la main dans la main dans l'artisanat de l'eau. L'association Mupanga dans les villages Maleke et Ngenengene ainsi que le Club Mères s'organisent pour l'assainissement des sources aménagées et des puits forés dans leurs localités par le CICR.

En effet, comme dans l'héritage de la domesticité africaine, le métier de l'eau potable est réservé aux femmes et aux enfants. Les travaux de puisage, de transport et de conservation de l'eau sont assurés par ces deux catégories sociales. La femme est le personnage central autour duquel s'organisent les activités du ménage dont celles de transformation des aliments et d'assainissement qui exigent abondamment une eau propre à la consommation.

Au niveau des Etats, des accords sont souvent signés pour la gestion de l'eau. Le cas de l'Organisation des Etats Riverains du Fleuve Sénégal en est l'exemple en Afrique de l'Ouest ; la Communauté Economique des Pays des Grands Lacs pour l'Afrique Centrale. Le projet d'adduction d'eau de l'Ubangi vers le Lac Tchad est un autre cas de solidarité tissée sur la base d'usage communautaire et participatif de l'eau de la planète.

Ce projet ne laissera pas indifférente l'eau de la Province Orientale autant que celui de l'Initiative Bassin du Nil ou encore des réseaux qui se tissent autour du bassin du Congo.

4.4. Pour une gestion durable et participative de l'eau

Bien qu'en 2007 la coopération bilatérale RDC-Belgique ait lancé au Sud-Kivu un nouveau programme poursuivant l'objectif d'améliorer les conditions de vie des populations rurales et des périphéries urbaines en assurant l'accès à l'eau potable et à l'assainissement, la situation critique dans la Province Orientale voisine est la même.

Ce genre de partenariat porte une attention particulière à la formation des usagers d'eau en matière d'hygiène et d'assainissement ainsi que de renforcement des capacités des acteurs locaux sur la gestion durable des systèmes d'eau. Ce qui exige au préalable que les bénéficiaires expriment clairement leurs besoins, les problèmes inhérents à l'eau pour envisager des solutions.

En Province Orientale, l'approvisionnement en eau potable rencontre cependant d'énormes problèmes tant en milieu urbain que rural. Un grand nombre d'usagers se ressourcent à partir de rivières, puits et sources souvent contaminés. Un petit nombre seulement des urbains sont abonnés à la REGIDESO dont la qualité de l'eau est souvent entamée pendant le parcours à travers des tuyauteries vétustes.

Cet état de choses entraîne des épidémies et des maladies d'origine hydrique dont certaines sont endémiques et connaissent une propagation rapide avec les mouvements des populations dans les zones de conflits armés. Dans certaines circonstances, ces maladies sont attribuées aux causes métaphysiques par ignorance pure et simple due à l'analphabétisme et à des croyances obsolètes aujourd'hui.

L'évolution de la science en général et de la médecine en particulier a mis en évidence le manque d'hygiène et d'assainissement comme vecteurs de propagation des maladies hydriques. Pourtant, ces normes de propreté varient selon les coutumes, l'instruction, le volume démographique, voire selon les conditions de vie. Le maintien de l'hygiène est souvent difficile dans les zones sans eau courante.

Considérant que l'éducation sanitaire et la sensibilisation à l'hygiène publiques font souvent défaut, le projet d'une gestion durable des systèmes d'eau ne peut passer qu'à travers des stratégies participatives des populations concernées.

Tant que la participation opérée dans le cadre du projet, pensent certains auteurs, est préalablement définie par les appareils du pouvoir sans associer les habitants comme partenaires à part entière dès l'étape initiale des définitions des objectifs et des moyens, elle risque de ne pas prendre suffisamment en compte leurs besoins et leurs exigences spécifiques. Pour être efficace, la participation populaire doit nécessairement s'appuyer sur des structures sociales et dynamiques locales préexistant à l'intervention.

Il est aussi question de vérifier les connaissances d'hygiène et d'assainissement d'eau qu'ont les populations urbaines et rurales de la Province Orientale ; d'établir la prévalence de certaines maladies hydriques endémiques et enfin mais avant tout de dégager les problèmes liés directement à l'accès à l'eau potable.

Chapitre 5 : Les problèmes d'accès à l'eau propre

Il est utile, avant de trouver des thérapeutiques à la question hydrique, de pouvoir faire une analyse ou un diagnostic des problèmes (ACE : Accès, Conservation et Entretien) éprouvés par les populations locales des différentes localités.

Ces difficultés se recoupent très souvent en milieu urbain comme en milieu rural, notamment : la distance à parcourir de la maison au point d'eau, la conservation de l'eau, la qualité souillée de l'eau, l'assainissement des sources et puits, le manque d'hygiène, la facturation élevée de la REGIDESO, le nombre réduit de points d'eau par ménage, l'absence de politiques nationales surtout pour les milieux ruraux, etc.

En vérifiant les indicateurs ACE lors d'une enquête menée dans 25 ménages concomitamment dans la ville de Kisangani, dans ses périphéries de Mbilinga et Maleke ainsi que dans les localités rurales d'Ubundu, Dungu et Buta, les résultats révèlent que ces problèmes d'eau potable sont quasiment les mêmes.

Graphique n° 1 : Les difficultés d'accès à l'eau potable

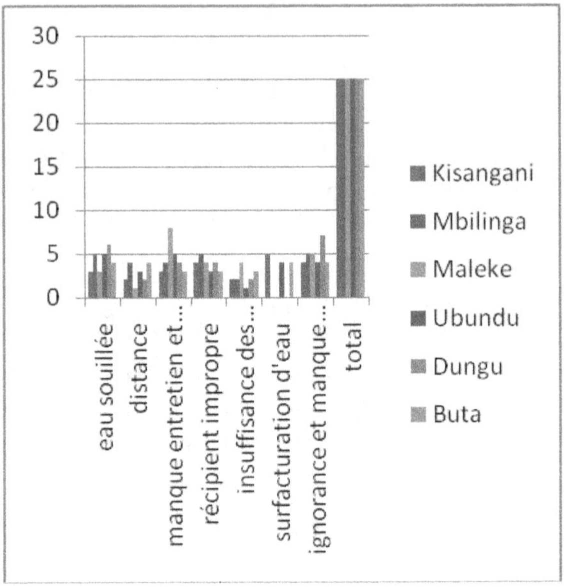

Comme il apparaît sur ce graphique, l'inaccessibilité à l'eau potable est quasiment justifiée par les mêmes facteurs en ville (Kisangani), dans les périphéries de la ville comme dans les localités rurales. Seule la surfacturation de l'eau de la REGIDESO est signalée dans les agglomérations de Kisangani, Ubundu et Buta[16] qui disposent d'installations de traitement de l'eau.

L'inconscience et l'ignorance de l'hygiène de l'eau potable se font aussi sentir au niveau collectif lorsqu'il s'agit de l'aménagement d'une source ou d'une rivière où la population se ressource : les ruraux s'attachent uniquement au goût, à la saveur et à l'apparence limpide de l'eau et ne se soucient pas de prime abord de son éventuelle nocivité. Une forte portion des citadins n'échappent pas à cette règle. On peut aussi observer un déficit collectif en matière d'assainissement des points et sources d'accès à l'eau potable.

[16] Dans cette localité, la REGIDESO a cessé de fournir de l'eau à la population

La faiblesse de l'hydraulique villageoise et de l'approvisionnement des populations dispersées dans ces zones rurales par les organismes institutionnels ainsi que la surfacturation de l'eau en milieu urbain n'offrent pas aux populations pauvres un accès décent à l'eau potable. Un grand nombre de ménages n'est donc pas desservi et recourt pour son approvisionnement au ramassage d'eau de surface et de puisage dont les conditions de potabilité sont douteuses.

5.1. La gestion des eaux usées

L'existence des villes est confirmée en Afrique bien avant la conquête coloniale, mais aussi dans la plupart des cultures africaines, les règles d'hygiène liées à l'eau sont scrupuleusement observées, notamment l'interdiction à une femme en menstrues de se baigner dans la rivière, l'interdiction d'uriner ou de cracher dans un puits, l'interdiction de déféquer près d'une source, la séparation des points d'eau potable des points d'eau réservés à la baignade.

Toutefois, le souci de gestion des eaux après utilisation est une innovation issue du génie anglais en 1596 qui introduisit l'usage des latrines, des cabinets à fosses ainsi que le système d'évacuation des eaux usées par les égouts. Popularisé dans les grandes agglomérations dont l'usage multiple de l'eau était devenu très excessif, le système d'évacuation par égouts était devenu un véritable impératif pour les nouvelles villes africaines.

L'évacuation désorganisée des eaux usées entraînerait des problèmes sérieux de santé communautaire : les mares hors d'usage servent d'écosystèmes pour la multiplication des microbes et des parasites nuisibles. Ces mares sont également sources de nuisances ou de pollutions visuelles et de l'odorat. Ces eaux usées traînent le long des artères et ruissellent vers les bas-fonds ; mais, au passage, elles contaminent par infiltration certaines sources d'alimentation en eau de boisson.

Le cas des eaux usées des latrines du Campus universitaire de Kisangani, qui sont déversées dans le bas-fond qui se constitue aussi en petit bras qui s'ouvre sur le fleuve ;

mais qui sert en même temps de sources d'eau potable et de baignade ainsi que d'étangs rizi-piscicoles, est très inquiétant. Dans la localité de Dungu, il a été constaté le retour d'eaux usées dans le puits par infiltration du fait d'absence des margelles. Les illustrations ci-dessus traduisent un état général de ce qui se passe dans les milieux ruraux et dans les villages de la Province.

5.2. La distance

Selon l'Organisation Mondiale de la Santé, une bonne desserte en eau potable répond aux critères suivants :

- Une eau de qualité doit tenir compte des spécificités chimiques (sels minéraux), bactériologiques (exempte de microbes pathogènes) et physiques (elle doit être incolore, inodore, limpide, fraîche et agréable de goût).

- La distance à parcourir de la maison à un point de desserte en eau ne doit pas dépasser quinze minutes de marche, soit environ 1.250 mètres. Une source ne peut desservir plus de 300 personnes.

La distance à parcourir entre la résidence et le point d'eau constitue un paramètre difficile à surmonter par la population rurale. Le moindre revenu de cette population qui ne provient que de l'agriculture ne lui permet pas de se procurer des récipients de grande capacité pour conserver l'eau en grande quantité.

Le problème de distance est réduit dans certains villages comme Maleke dans la périphérie de Kisangani ou dans d'autres localités comme Bafwasende à plus de 250 kilomètres de la capitale régionale, grâce à l'intervention des ONG OXFAM et CICR qui les ont dotés de puits forés en pleine localité. Cela résout également un tant soit peu la question de carence de grands récipients et de moyens de transport d'eau par les femmes et les enfants.

Sur les 25 grands villages de la route Ubundu (environ 125 kilomètres de Kisangani), 4 seulement disposent de sources aménagées. Certains puiseurs doivent parcourir plus de 2000 mètres pour ramasser l'eau de ruisseau ou de rivière en escaladant parfois les versants raides des bords.

Même après l'intervention des ONG internationales, certaines communautés rentrent dans leurs habitudes d'antan. Dans le Groupement Mbilinga, les pompes de la plupart des puits forés par OXFAM ne fonctionnent plus et les communautés villageoises reprennent le chemin des cours d'eau. Certaines femmes parcourent plus de 5 kilomètres pour atteindre la pompe du point kilométrique 15 qui reste la seule encore fonctionnelle. Par défaut d'un comité d'eau local, une dizaine de pompes ne peuvent être réparées.

5.3. La conservation de l'eau

Vu la distance entre le domicile rural et les points d'eau ainsi que la fourniture intermittente d'eau par la REGIDESO en ville, les usagers sont contraints de faire des réserves d'eau pour satisfaire leurs besoins quotidiens. C'est ce qui justifie le recours au stockage et à la conservation de l'eau.

La conservation exige des vases de grande capacité pour des ménages populeux et ceux situés plus loin de points d'eau. Le type de récipients est relatif au niveau social. La qualité du récipient influence fortement la salubrité de l'eau conservée et par conséquent garantit ou affecte la nocivité de ladite denrée.

Certains ménages recourent directement à la pompe ou à la source : proximité de point d'approvisionnement oblige. Le schéma suivant est très indicatif.

Graphique 2 : Types de récipients

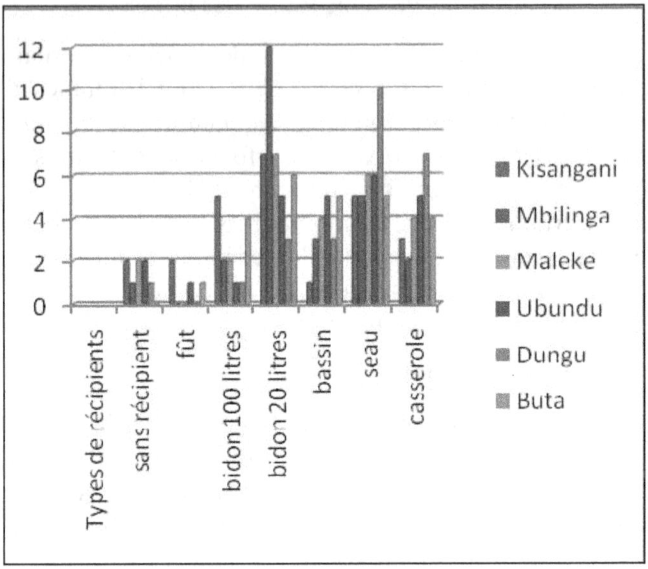

Les records sont réalisés avec l'utilisation de bidons de 20 litres dans le quartier périphérique de Mbilinga et de seaux dans la localité rurale de Dungu. L'usage des fûts est réservé à une infime minorité dans les agglomérations plus grandes (Kisangani, Buta et Ubundu), spécialement chez les missionnaires et quelques expatriés qui y habitent.

Certains de ces récipients sont exposés à la contamination car ils sont démunis de couvercles et sont contaminés au fur et à mesure qu'on y plonge les mains ou les petits vases souillés.

5.4. La pollution de l'eau

Quand l'eau est accessible, elle est très souvent souillée pour plusieurs raisons et sa potabilité devient douteuse. Cet état de pollution augmente la prévalence des maladies féco-hydriques.

Dans l'axe Kisangani- Yangambi (près de 100 kilomètres), les eaux du fleuve Congo constituent la source la plus sollicitée en eau de boisson (les riverains s'approvisionnent à partir de l'eau qui jaillit des roches sur les escarpements des rives), en eau de lessive, de baignade, et de vaisselle. Les baigneurs défèquent régulièrement dans ces eaux du fleuve. Les eaux de puits sont en grande partie souillées par l'infiltration des fosses septiques se trouvant toutes proches des forages. Les bêtes s'y abreuvent également.

Ces sources sont généralement fréquentées par un nombre très élevé d'usagers qui ne se soucient guère de leur assainissement. Il n'est pas rare que tout un village de plus de 500 personnes partage une seule source d'eau potable qui, de surcroît, tarit pendant la saison sèche.

Dans la plupart des sources observées à Buta et à Ubundu, la stagnation des eaux provoque des mouvements de reflux vers la source et pollue l'eau en amont. Dans la localité de Dungu, sur les 12 sources observées et qui alimentent la population, 3 seulement sont aménagées. Des feuilles mortes, des herbes et même des fruits en décomposition accélèrent le développement des micro-organismes et des parasites d'eau nocifs pour la santé dans les 9 autres. A cela s'ajoute le fait que le ramassage ou le puisage se fait souvent avec des petits vases sales au départ. Seulement les 3 sources aménagées sont équipées de tuyauterie pour le puisage.

5.5. Assainissement et manque d'hygiène

En ville comme à la campagne, la question de manque d'assainissement et d'hygiène ne peut passer inaperçue. Outre les attaches coutumières pour les uns ; pour les autres, elle est fruit de l'ignorance, de l'analphabétisme et de la pauvreté.

Dans certains sites observés, les deux logiques (moderne et traditionnelle) d'approvisionnement en eau cohabitent sans se compénétrer comme dans la photo suivante où le ramassage d'eau à haut risque de contamination se fait à moins de cinq mètres en aval d'une station de captage d'eau.

Photo 1 : Deux logiques d'approvisionnement d'eau

Afin de promouvoir un meilleur usage de l'eau et de prévenir des pathologies d'origine hydrique, nous avons cherché à évaluer le niveau des connaissances, des attitudes et des pratiques (CAP) sur l'hygiène de l'eau dans quelques sites observés.

En effet, le constat fait ci-dessus ne peut se justifier que par l'ignorance quasi-totale des usagers sur la qualité de l'eau qu'ils consomment et sur le bien-fondé des infrastructures de fourniture d'eau implantées dans leur localité.

5.6. Evaluation des CAP

L'accès à l'eau potable dépend étroitement des connaissances, des attitudes et des pratiques d'un consommateur ou d'une communauté. Les connaissances renvoient à ce que les usagers savent (selon la coutume ou selon les sciences) de l'eau qu'ils consomment chaque jour : sa composition chimique, bactériologique ou physique, sa nocivité, sa potabilité, les moyens de contamination de l'eau, etc.

Les attitudes sont considérées comme un état d'esprit exerçant une influence directrice ou dynamique sur le comportement humain ou d'un groupe social. Elles sont aussi considérées comme des tendances qui poussent l'individu ou le groupe à agir pour ou contre un facteur de l'environnement.

Les pratiques sont des usages, des manières d'agir propres à un individu ou un groupe social. Elles se transmettent par imitation, par éducation ou par la coutume.

Connaître et agir sont deux aptitudes de l'homme face à son environnement. Ces deux aptitudes lui permettent d'avoir la maîtrise de son milieu et de vivre. La connaissance accroît la marge de liberté d'agir chez l'homme, d'avoir le contrôle de sa propre vie et de l'environnement qui l'entoure.

Le père de la médecine moderne, Hippocrate, savait déjà dire en son temps que le bien-être corporel ne va pas sans soins physiques ; le lavage à l'eau est nécessaire car elle nous préserve de nombreuses pathologies.

La comparaison entre deux cités rurales d'Ubundu (15.000 habitants) et de Mambasa (36.000 habitants) ainsi que deux communes urbaines de Kisangani (Mangobo, 23.300 habitants) et (Makiso, 12.300 habitants) indique que le niveau de connaissances sur l'eau est relativement le même en ville qu'en milieu rural.

Que connaissent vraiment les populations concernées sur les qualités et la potabilité ou la contamination d'une eau de boisson ?

Graphique 3 : Connaissances sur l'eau

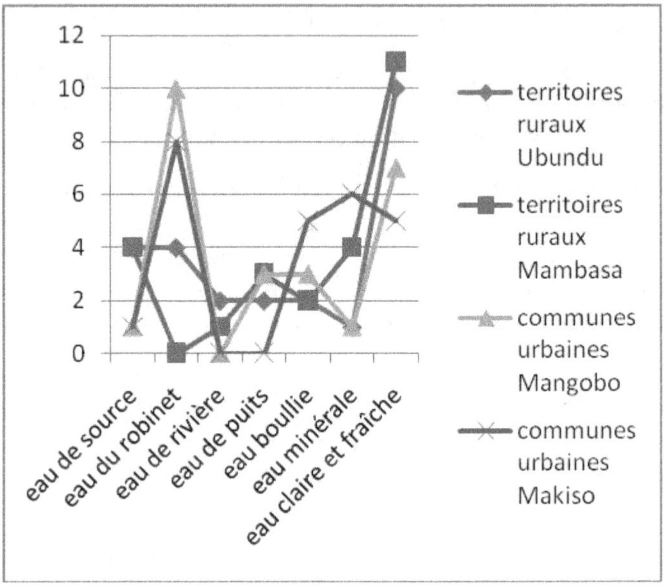

Il ressort de ces statistiques qu'autant les populations rurales qu'urbaines confondent la clarté et la fraîcheur de l'eau et la potabilité. De même, les citadins estiment que l'eau du robinet est nécessairement potable sans tenir compte des possibles contaminations pendant le transport dans des tuyauteries vétustes et souvent trouées. L'eau minérale est souvent consommée dans la commune de Makiso peuplée d'habitants ayant un niveau d'éducation élevé ainsi que d'étrangers, pour la plupart des hommes d'affaires et des onusiens. Le territoire rural de Mambasa, qui est une escale importante dans le trafic routier Kisangani- Bunia/Beni, utilise l'eau minérale un peu moins que la commune urbaine de Mangobo.

Ces deux niveaux de connaissances opposés entre ceux qui estiment que l'eau claire est potable et ceux qui pensent que l'eau du robinet est nécessairement potable, entretiennent des attitudes de confusion et d'ignorance de la vraie qualité de l'eau de consommation. Par conséquent, autant les populations rurales qu'urbaines s'exposent à des risques de contamination dus à l'absorption d'une eau souillée.

Par ailleurs, l'usage de l'eau de consommation ne s'arrête pas à la boisson, mais se prolonge dans toutes les autres utilisations allant du lavage des mains à la cuisson des aliments avec de l'eau propre à la consommation, en passant par la vaisselle, la baignade et la lessive. L'amélioration des conditions d'hygiène passe par la réduction des facteurs et canaux d'infections. Des études sur le trajet des contaminations démontrent que les mains sales sont de véritables média d'infections en transférant les germes fécaux des toilettes et d'autres sites souillés jusqu'à l'eau, à la nourriture, aux ustensiles et à d'autres mains.

Les maladies dites des mains sales sont responsables de pathologies diverses : infections respiratoires, diarrhées et dysenteries, maladies parasitaires, telles que les verminoses et les amibiases. D'autres maladies liées à l'eau telles que le paludisme et la cécité des rivières sont également signalées dans la Province Orientale.

L'ignorance de la qualité de l'eau et des facteurs de transmission expose ainsi les populations à de véritables pétrins et risques de contaminations répétitives et endémiques.

Certaines autres pathologies exigent un lavage de mains avec une eau abondante. C'est le cas des empoisonnements bénins communément appelés « Karuwa » dans la région Est de la République Démocratique du Congo.

Les connaissances liées à l'hygiène des mains doivent s'accompagner de celles des moments critiques où le lavage des mains s'avère important, notamment après la défécation, avant de toucher ou d'allaiter le bébé, après avoir changé les couches du bébé, avant la préparation et la prise du repas, et éventuellement après échange de poignée de main, comme c'est le cas dans la région concernée par cette étude.

Or, le constat est amer. Dans les milieux ruraux, ces actes ordinaires d'hygiène sont quasiment oubliés ou ignorés. Dans certains cas observés, on est plus tenu à laver les mains après le repas qu'avant. En effet, l'usage des couverts étant presque nul, les repas sont pris avec les mains ; on les nettoie ainsi juste après la prise de la nourriture. La défécation, dans la plupart des cas, n'exige pas de latrines ; les ruraux recourent généralement à des toilettes avec fosses qui n'exigent pas l'usage d'eau.

En ville pourtant, la situation est presque similaire dans les quartiers pauvres où l'on ne peut avoir accès aux latrines modernes. Mais, dans les plus grandes agglomérations (Kisangani, Bunia, Buta), la sensibilisation à l'hygiène des mains a sensiblement augmenté ces dernières années grâce aux spots publicitaires radiotélévisés pour la prévention des maladies diarrhéiques. Mais il faudra également dire que la prévention contre les empoisonnements bénins dits « Karuwa » a significativement forcé les citadins au lavage régulier des mains avec une eau abondante. Il y a une quinzaine d'années, les Boyomais (habitants de Kisangani) n'avaient pas atteint ce niveau de phobie liée au « karuwa » introduit pendant les années de guerre par les mouvements des populations rwando-ougandaises (militaires et réfugiés civils qui ont introduit cette arme à retardement ignorée jusque-là dans la ville de Kisangani).

Le lavage des mains réduit sensiblement la possibilité de contamination et de transmission à d'autres hôtes. En effet, selon MCW[17], la réduction de la morbidité due aux diarrhées, par exemple, fait suite aux actes suivants : lavage des mains avec du savon (44%), désinfectant de l'eau à la main (39%), assainissement (32%), éducation à l'hygiène (28%) et l'eau (25%).

---

[17] Projet MCW/SANRU III, *Hygiène environnementale. Manuel des participants*, Kinshasa, 2003.

Attitudes

Si l'on considère les attitudes comme manières de se comporter traduisant un état d'esprit, Henri Mendras[18] précise pour sa part qu'une attitude est « une disposition plus ou moins permanente qui est à la source d'un grand nombre de comportements et d'opinions sur un sujet ». Individuelles ou collectives, les attitudes sont dynamiques et varient selon les systèmes de valeurs ou de croyances ; elles évoluent également selon l'environnement physique, socio-économique ou socio-géographique. Les facteurs qui conditionnent les attitudes peuvent ainsi se résumer en facteurs sociaux et facteurs biologiques.

A ce titre, le constat est que les ruraux sont généralement conservateurs, attachés à leurs valeurs alors que les citadins sont très souvent progressistes puisqu'ils ont un accès facile aux médias et à l'éducation.

En matière d'eau potable, les attitudes y afférentes diffèrent ainsi d'un lieu à l'autre, d'une époque à l'autre. Au Mali, le gouvernement avait confié l'exécution de sa politique d'hydraulique rurale à l'ONGD AMRAD (Association Malienne de Recherche-Action pour le Développement) qui avait mis en place le projet 'Diffusion Pompe manuelle PVC' en 1988. Ce projet concerne les conditions d'approvisionnement en eau des populations villageoises du Sahel dans le Cercle de Nianfunke dont le climat sahélien est marqué par la sécheresse, une hydrographie avec alternance d'inondations et absence des eaux. Les Peuhls se disent habiter un pays inondé où l'on meurt de soif : « *Domdu ndi njooliindi* ».

Les attitudes de la population en matière d'eau se résument comme suit : l'acquisition d'un point d'eau se fait soit par le principe du premier occupant des lieux, soit par usurpation par le nouveau conquérant du lieu, soit par le financement/aménagement d'un point d'eau. La population pense que l'eau est un don de Dieu et que par ce fait elle est un

---

18 MENDRAS, H., *Eléments de sociologie*, Paris, Armand Colin, 1967, p.71

bien communautaire. Il ne faut priver d'eau personne qui en veut. Il existe plusieurs tabous liés à l'eau : ne pas nettoyer les marmites dans un cours d'eau, ne pas remettre dans le puits le reste d'eau puisée, interdiction aux femmes en menstrues de se baigner dans un cours d'eau, etc.

Les populations locales savent que l'usage d'eau souillée entraîne des maux de ventre, la dysenterie, la gale, des avortements...Elles préfèrent l'eau de surface qui coule à l'eau de puits qui signifie qu'il y a rareté. L'eau de puits exige des énergies supplémentaires pour le forage et le puisage. Elles savent aussi que la rareté de l'eau est due aux retenues d'eau en amont par les barrages de Markala et Sélingué.

Tout compte fait, l'AMRAD se mit au travail, mais rencontra les obstacles suivants pour l'assainissement du milieu rural concerné :

1. La plupart des villages n'ont pas de latrines et ne s'en intéressent pas. Ils défèquent dans la nature, car, disent-ils,

« - les latrines, c'est bien, mais ce n'est pas la priorité dans un village où l'on a faim. - Notre village est trop petit pour creuser des latrines, nous préférons aller en brousse. - C'est sale de garder dans un coin de la parcelle un trou plein de défécation, avec les mauvaises odeurs. – ce qui est sale, on le met loin du village pour éviter les nuisances, on ne l'entretient pas... [19]»

2. L'évacuation des immondices pose problème. Car, dans 100% des villages, les ordures sont déposées à proximité des concessions pour les raisons qu'ils évoquent :

« Nous les utilisons comme fumure et pour stabiliser le banco. En effet, au bout de quelques années, les tas d'ordures deviennent des monticules plus hauts que les maisons, nous les utilisons pour surveiller les champs et transmettre des messages aux villages voisins[20] ».

---

[19] ADAMA B. et MAMADOU D., « L'approvisionnement en eau des populations rurales à Niafunké », in Souleymane Bachir D., *La culture du développement*, Dakar, CODESRIA, 1991, pp.99-105.
[20] Ibidem.

Cette étude-action a permis d'identifier les aspects de la culture locale susceptibles de favoriser ou de bloquer l'aménagement du Cercle de Niafunké. On peut intégrer les aspects positifs de leur culture liés à la propreté de l'eau. Il faudra une autre action pour la formation et l'information des femmes et des enfants chargés de transport d'eau.

En Province Orientale, les croyances et attitudes collectives en matière d'eau se constituent en facteurs de progrès ou d'obstacles à l'hygiène de l'eau. La conception, selon laquelle les sources ou les points d'eau constituent les résidences des génies, ne favorise pas leur fréquentation par les populations environnantes. L'eau de certaines sources et rivières est considérée comme sacrée, et par conséquent potable, quel que soit son niveau d'impureté. Les malades ainsi que ceux se considérant maudits courent derrière les devins et les oracles religieux pour s'asperger et s'abreuver d'eau « bénite » pour obtenir la guérison.

Les populations Mbole du Territoire d'Opala utilisent fréquemment l'eau retenue dans les creux des gros arbres de la forêt dans quelques rites de la vie quotidienne. Ils croient depuis la tradition que cette eau possède une puissance magique de fasciner le cœur d'un amant.

Avec l'euphorie de l'éveil spirituel dans les milieux urbains, les Eglises de renouveau considèrent et utilisent l'eau comme un élément purificateur. Sa qualité ne compte pas à vue d'œil, seule la valeur symbolique de l'usage prévaut.

Une enquête récente sur la préférence d'eau de consommation dans le Groupement Mbilinga dans la périphérie de Kisangani a pu montrer que certaines populations, très attachées à leurs coutumes et habitudes alimentaires, préfèrent l'eau de source à celle des puits aménagés dans leurs villages. Elles estiment que l'eau de forêt (source et ruisseau) est plus fraîche et limpide que celle de puits. Nous avons constaté que l'eau de puits aménagés par OXFAM dans ce groupement est plus utilisée pour la lessive et la vaisselle, alors que l'objectif visé par le concepteur du projet était de fournir de l'eau potable aux communautés locales et de réduire le fardeau des femmes et enfants dans le ramassage d'eau.

Une fois de plus, les projets de développement ne peuvent aboutir s'il l'on ne prend en considération ou en consultation des coutumes et préférences locales à la base. La sensibilisation doit précéder ce genre d'action pour savoir au départ ce que veut, ce que pense et ce que vise la population concernée.

Les connaissances et les attitudes déterminent enfin les pratiques sociales. Pour changer les pratiques, il faut agir sur les deux premières.

Les pratiques liées à l'eau

Nous l'avons dit plus haut : l'usage d'eau potable ne concerne pas exclusivement la boisson, mais toutes les autres circonstances qui l'exigent telles que le lavage des mains, le bain, l'usage des latrines ou l'entretien de l'habitat.

Considérant les pratiques d'eau des points observés dans la présente recherche, nous allons successivement mettre l'accent sur la boisson, les bains et l'usage de l'eau dans les latrines.

La boisson

L'eau, dit-on, est la boisson la plus ordinaire. Elle étanche la soif et régularise plusieurs fonctions vitales dans la vie de l'organisme tant humain, végétal, qu'animal. L'homme consomme journalièrement de l'eau pour vivre. Mais quelle eau boit-il pour être en bonne santé ? C'est cela la question qui guide le fil conducteur de notre propos.

Les populations concentrées dans les villes et les campagnes de la Province Orientale ne sont pas hydrophobes, l'eau est un élément qui entre dans la plupart des activités de leur vie quotidienne : boisson, lavages, cuisson, agriculture, élevage, transports, etc.

Les préférences alimentaires en termes d'eau apparaissent dans le schéma suivant.

Graphique 4 : Préférences d'alimentation en eau

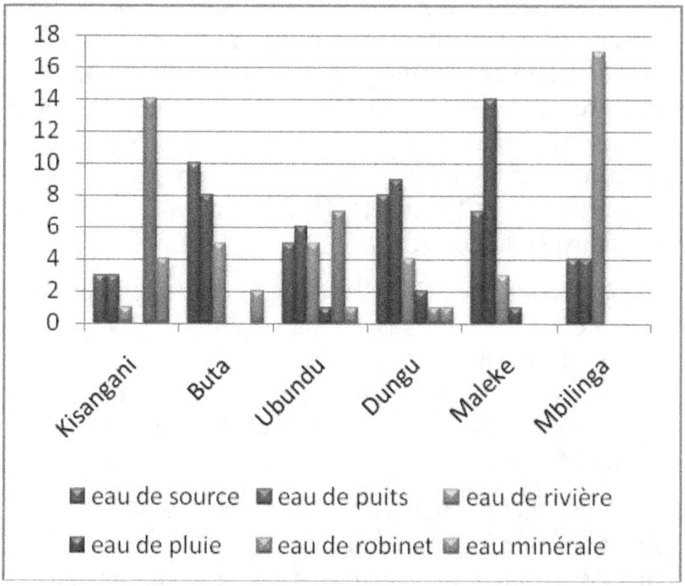

Alors que, dans les milieux ruraux de Buta et Mbilinga, l'usage de l'eau de pluie est nul comme en milieu urbain de Kisangani où l'usage de l'eau du robinet est ex aequo avec celui de l'eau de puits au village de Maleke, le record est atteint avec l'usage de l'eau de rivière au Groupement Mbilinga. L'eau de source et de puits est consommée aussi bien en milieu urbain qu'en milieu rural. De faibles portions de personnes consomment l'eau minérale à Kisangani, Buta, Ubundu et Dungu où l'on trouve quelques expatriés missionnaires, touristes ou contingents de la Monusco.

Ces usages multiples d'eau ont un seul point commun : chacun s'abreuve selon ses habitudes alimentaires ou coutumières. Ce qui sous-entend que le choix dans la préférence d'eau de boisson tient moins à la qualité ou à la potabilité de cette dernière. Le danger de consommation d'eau souillée guette avec la même mesure les ruraux et les citadins.

Le constat précédent corrobore celui fait par C.Savary[21] qui avait trouvé que les aspects culturels de la production vivrière plongent dans l'univers mythique et religieux de l'alimentation en Afrique. La terre représente ici quelque chose de sacré qui est au centre des religions traditionnelles et les dimensions mythiques de l'agriculture peuvent déterminer la répartition du travail agricole entre les hommes et les femmes, entre les aînés et les cadets. Bref, les considérations culturelles sont transgénérationnelles.

La consommation d'eau est un acte social et culturel. En effet, « c'est à travers ses habitudes alimentaires que se relèvent souvent l'histoire et la culture d'un peuple (...) le rôle des aliments et la cuisine constituent un moyen symbolique de transmission des connaissances historiques, économiques et religieuses[22] ».

On peut également faire un rapprochement entre alimentation et richesse individuelle. La consommation remplit ainsi deux fonctions majeures, celle de communication et celle de distinction. Jean Baudrillard[23] compare d'ailleurs la consommation à un langage qui est transmis par la famille, les médias, etc. En effet, le style d'habillement, la marque de voiture possédée, la fréquentation des institutions scolaires et médicales très réputées permettent à un individu de communiquer aux autres ses valeurs, ses goûts, ses perspectives et de s'intégrer dans un groupe.

Par contre, dans une étude menée auprès des Sérères du Sénégal, Igor de Garine[24] fait observer que les individus qui mangent le mieux ne sont pas nécessairement ceux qui disposent des ressources monétaires les plus importantes. La consommation alimentaire n'est pas nécessairement un élément

---

[21] SAVARY, C., « Les aspects culturels de l'alimentation en Afrique de l'Ouest », in *Genève-Afrique*, vol. XXIV, n°1, 1986, p.89.

[22] SAVARY, C., « Les aspects culturels de l'alimentation en Afrique de l'Ouest », in *Genève-Afrique*, vol. XXIV, n°1, 1986, p.89.

[23] Baudrillard, J., *La Société de consommation : ses mythes, ses structures,* Paris, 1970.

[24] DE GARINE, I., « Habitudes alimentaires dans la région de Khombole (Sénégal) », in *Cahiers d'études africaines*, vol.111, 1963.

caractéristique du niveau de vie. Ce qui présume qu'entre les deux, s'interposent bon nombre d'autres facteurs tels que les habitudes, la tradition, l'idéologie, le goût, etc.

Ces deux points de vue amorcent un débat pertinent, mais sans gagnant ni perdant. La consommation d'eau minérale par des expatriés et quelques ressortissants du milieu socialement bien positionnés dans certains sites observés confirme les propos de Jean Baudrillard. C'est très souvent pour des raisons d'ostentation qu'ils prennent l'eau la plus chère et souvent importée ; ce qui n'est pas accessible à toutes les bourses paysannes ni citadines.

Par contre, des comportements des consommateurs de Mbilinga qui préfèrent l'eau de rivière à celle des puits aménagés ou des citadins de Kisangani qui recourent abondamment à l'eau de source viennent appuyer les observations faites par De Garine.

Les bains

La santé individuelle et communautaire tient non seulement à l'eau de boisson, mais elle est également tributaire de l'eau de baignade ou de toilette du corps. La propreté du corps est un élément important dans le maintien de l'hygiène et la prévention des maladies.

Pour se maintenir en état de santé et de bienséance, l'homme est tenu à se laver régulièrement au moins une fois par jour. Mais le bain des mains est plus exigé que celui du corps tout entier car les mains constituent un moyen de contamination pour la plupart des pathologies hydriques et parasitaires.

Le lavage des mains au savon est exigé dans les cinq moments cruciaux repris précédemment. Mais cette pratique varie selon le milieu, l'éducation, les circonstances et le type de profession. Il va de soi pour un pêcheur Enya ou Lokele qui a toujours les mains dans l'eau de se les laver moins qu'un paysan Hira dont les mains sont presque toujours ensablées dans le labour des champs.

Les tendances suivantes peuvent par contre illustrer les observations faites entre les deux milieux en étude dans la Province Orientale, notamment le milieu rural et le milieu urbain.

Graphique 5 : Attitudes sur le lavage des mains

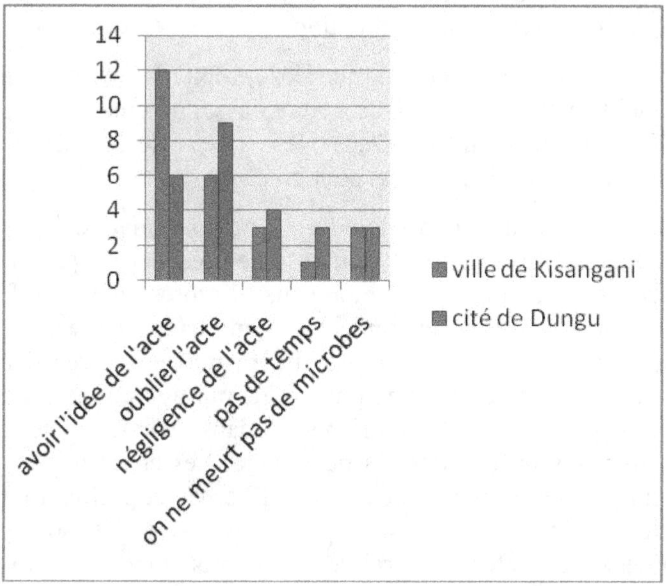

Les citadins ont plus l'idée du lavage des mains au savon par rapport aux ruraux ; l'éducation et les médias sensibilisent la population sur ce geste qui sauve des vies. Pourtant, les ruraux de Dungu l'oublient plus que les citadins de Kisangani, la négligence justifie ce comportement. Pris davantage dans les travaux agricoles et pastoraux à des endroits souvent inaccessibles à l'eau, le lavage des mains est une pratique occasionnelle. Nonobstant ces disparités de comportement, les citadins de Kisangani et les ruraux de Dungu s'abreuvent tous à un stéréotype courant selon lequel on ne meurt pas de microbes. Cette attitude non fondée expose des individus à des risques de manque d'hygiène des mains et du corps, sans oublier la nécessité d'assainissement et de salubrité de l'environnement.

Assainissement de l'environnement

La qualité de l'eau se dégrade très souvent sous les effets anthropiques sur l'environnement immédiat ou sur l'habitat qui, de ce fait, exige un aménagement profond et permanent.

Dans le cadre de l'eau potable, l'assainissement de points d'approvisionnement d'eau (sources, puits) et d'usage d'eau (latrines) a retenu notre attention.

Il est bien connu que les problèmes d'accès à l'eau potable vont de pair avec ceux d'assainissement des sources d'approvisionnement. Dans les pays de l'Afrique sub-saharienne, les indicateurs sont en rouge.

Dans la cité d'Ubundu, l'eau du fleuve Congo et des sources d'approvisionnement est polluée par la présence des déchets plastiques, des morceaux d'arbres, des feuilles, des bestioles et des excréments d'animaux domestiques. La situation des puits n'est pas différente de la précédente. Le ruissellement des eaux de pluie et de puisage pollue les eaux de puits par infiltration et en ramenant dans l'eau toutes les ordures ménagères ou des latrines du village. Les environs directs des puits et des sources sont envahis d'herbes et parfois de feuilles mortes, les puits ne sont pas couverts et les sources non aménagées sont à la merci de tout débris emporté par le vent et le ruissellement.

Les latrines sont, dans la quasi-totalité, de type traditionnel à fosse septique dont les plus proches des sources et puits souillent l'eau de la nappe phréatique par infiltration. La station de captage d'eau par la REGIDESO se trouve dans un bas-fond exposé aux risques de contamination par les ruissellements ou l'infiltration des eaux en provenance de l'Hôpital Général et des habitants situés en hauteur à quelques dizaines de mètres. On peut ainsi dire qu'à village insalubre, eau souillée.

A moins de dix mètres en aval de la station de captage, le bout du tuyau d'évacuation du surplus d'eau alimente une mare à partir de laquelle s'approvisionnent les populations démunies. En temps de crue, le reflux des eaux de la mare rentre dans le tuyau en augmentant ainsi le risque de contamination de la source de captage. Les femmes et les enfants y font également la débrouille d'eau potable lorsque les robinets ont séché à force d'un rationnement irrégulier de cette ressource.

Photo 2 : mare et ramassage d'eau au bout du tuyau d'évacuation de la station de captage d'Ubundu

Mais dans le rayon des villages de Maleke-Ngenengene[25], près de 64% de la population utilisent l'eau des puits contre 24% qui recourent à l'eau de source ; et 12% consomment l'eau de rivière et occasionnellement celle de pluie pour les tâches de lessive, de bain, etc. La communauté villageoise se ravitaille dans quatre puits aménagés et dix-huit sources non aménagées en état d'insalubrité très avancé.

Alors que l'approvisionnement en eau de sources et de rivières suscite beaucoup d'inquiétude dans la population en raison de la fréquentation de ces sites par des lépreux[26], l'eau de puits est préférée des femmes et des enfants pour plusieurs raisons, notamment la distance qui sépare les habitations et les puits en plein village est minime, les puits sont en état permanent de propreté et sont tenus à l'œil par le comité d'eau de ces localités qui en restreint l'accès auxdits lépreux.

---

[25] Cette localité est un ancien camp d'isolement de lépreux dont certains descendants malades y subsistent encore.

[26] Maleke est un ancien village des lépreux isolés de la ville de Kisangani.

Pourtant, ce sont des problèmes liés à la conservation qui se posent avec acuité : état des récipients, manque de couvercle, insalubrité de l'habitat.

Les latrines sont de même type que celles du cas précédent. Elles utilisent nullement l'eau qu'elles ne la souillent. Tout ce qui précède soulève davantage l'équation 'village assaini contre eau potable'.

A Dungu, la situation est presque la même. La population locale s'approvisionne dans 12 sources de bas-fond dont 3 seulement sont aménagées et assainies. Les 9 autres ne sont pas aménagées et la population y ramasse l'eau au moyen de récipients dont la salubrité n'est pas attestée. Une trentaine de puits dessert également la cité, mais la qualité de l'eau est entachée d'incertitude. L'on dénombre seulement 5 puits à pompe et avec margelle pour une population estimée à plus de 25.000 habitants ; 25 puits sont de type traditionnel et domestique sans margelle ni couvercle. Le puisage est manuel au moyen de petits récipients.

L'environnement direct des puits et sources est insalubre : la boue, les eaux stagnantes, les algues en prolifération, les dépôts divers entraînés par les chaussures et les récipients des puiseurs, les rebuts ménagers occasionnés par la tenue de la vaisselle tout près des puits et des sources, etc.

De sérieux problèmes d'assainissement se posent également en termes de chemins qui mènent des domiciles aux sources d'approvisionnement qui sont souvent glissants et jonchés d'herbes qui exposent les femmes et les enfants à des chutes ou à des morsures de serpents. Par ailleurs, la faible profondeur des puits et des sources les expose au tarissement en saison sèche, ce qui renvoie la population locale à l'utilisation de l'eau des rivières Kibali et Dungu qui baignent la localité.

Tous les indicateurs susmentionnés décrivent à suffisance le besoin en aménagement des sources d'approvisionnement en eau potable. L'acte d'assainissement est un problème social qui exige une solution globale et participative. Globale parce qu'il exige non seulement l'aménagement des points d'accès à l'eau ;

mais aussi l'environnement immédiat (habitat, village) de ces derniers afin de boucher la chaîne de pollution des écosystèmes. Participative dans la mesure où la contribution de tout un chacun est impérative dans la lutte pour l'accès à l'eau potable.

Toutefois, les utilisateurs de puits et sources d'eau s'adonnent à un minimum de pratiques d'assainissement, notamment :

- Saupoudrage de cendres ou de sable dans la fosse septique,
- Débroussaillage des chemins qui mènent aux points d'approvisionnement,
- Débroussaillage aux alentours de la source ou du puits,
- Couvrir la latrine au moyen d'une dalle,
- Eviter le retour d'eau dans le puits ou la source,
- Les citadins tentent en vain de colmater avec des moyens de bord la tuyauterie vétuste qui se mêle à plusieurs endroits aux canalisations d'eaux usées, etc.

Mais qu'est-ce qu'un village assaini, en l'absence d'une inspection médico-sanitaire de routine ? Ou encore qu'est-ce qu'un village assaini sans assistant social et sans éducation écologique pouvant extraire des populations entières au fil du temps de la culture-tradition qui les fige dans des pratiques séculaires mais contraires aux principes de la santé communautaire ? En effet, J.P. Warnier a fait observer que « *chaque culture-tradition a ses propres pratiques dans les domaines des techniques du corps, de la culture matérielle, des mœurs* » ; mais poursuit l'auteur, « *ne croyons pas pour autant que la culture-tradition soit la reproduction à l'identique d'un ensemble d'habitudes figées. Les langues et les cultures changent, car elles sont immergées dans les turbulences de l'histoire* [27]».

---

[27] WARNIER, J.P., *La mondialisation de la culture*, 3è éd., Paris, La Découverte, 2004, pp. 17 et 13

Les Azande de Dungu, les Baboa de Buta, les Banya Mituku et Walengola d'Ubundu, les Bamanga de Mbilinga ou encore les Bakumu de Maleke et tant d'autres cultures qui peuplent Kisangani n'ont rien à perdre en faisant le pari du changement des habitudes alimentaires en matière d'eau potable. La vie est à la portée de ce choix crucial qui exige des alternatives prometteuses.

Chapitre 6 : Quelle nouvelle gouvernance ou politique publique de l'eau?

Depuis plusieurs décennies, le secteur d'approvisionnement en eau potable dans la Province Orientale a été largement dominé par deux monopoles, notamment les pratiques coutumières en milieu rural et l'Etat congolais à travers la société nationale de traitement d'eau : la REGIDESO. Deux logiques d'actions, deux logiques d'intérêts, deux logiques de fourniture et deux logiques d'approche des problèmes liés à l'eau.

Devant la crise hydrique, la logique de concertation doit prédominer afin de donner la chance à une solution négociée et durable. Le pari se trouve au bout des alternatives nouvelles à celles suivies et appliquées jusqu'ici : penser à la fois aux modes de commerce de l'eau, au type de gouvernance et aux politiques sociales (publiques) efficaces en la matière.

6.1. Le commerce de l'eau

Dans les régions dites aréiques, le transport d'eau d'une région à une autre par bateau, par camion citerne, par aqueduc ou par des grands sacs 'méduse' est une méthode de résolution de la carence de cette ressource qui touche sensiblement ces espaces.

Toutefois, ce système de transfert d'eau est très coûteux et a des effets écologiques non négligeables. Farzaneh Roudi-Fahimi, Liz Creel et Roger-Mark De Souza[28] proposent d'autres stratégies pour minimiser les effets négatifs dus à ce genre d'opérations. La réaffectation des ressources en eau, les cultures nécessitant moins d'eau, le recours aux technologies efficaces, faire des économies dans la distribution, promouvoir l'éducation du public et la participation communautaire, la conservation et les considérations économiques sont autant d'alternatives envisagées.

---

[28] ROUDI-FAHIMI F., CREEL L. et DE SOUZA R.-M., « Le juste équilibre : population et insuffisance des ressources en eau au Moyen-Orient et en Afrique du Nord », in WWW. Population Reference Bureau.org, 2000

En effet, les ressources en eau peuvent être détournées du secteur agricole aux secteurs ménager et industriel. L'utilisation des technologies appropriées recourt à l'irrigation au goutte à goutte qui déverse l'eau directement à la racine de la plante contrairement à l'irrigation traditionnelle qui conduit au gaspillage d'eau que l'on peut également réduire en limitant les fuites des tuyauteries ou en utilisant les compteurs pour le rationnement d'eau. Tous ces exercices exigent l'éducation communautaire ou la mobilisation des communautés pour adopter de nouvelles stratégies de sélection des systèmes, de distribution et d'entretien d'eau appropriés aux conditions locales. La prise en charge du coût de consommation journalière par les ménages réduit également l'usage excessif d'eau. Les gouvernements des pays du Moyen-Orient et de l'Afrique du Nord ont fini par revoir les subventions destinées à l'approvisionnement des populations en eau salubre afin d'encourager les consommateurs à supporter aussi le coût de leur consommation.

Les stratégies de transfert d'eau et les alternatives proposées ci-dessus ne correspondent pas en tout avec celles envisageables dans la Province Orientale qui n'est pas une région aréique. La réaffectation d'eau, l'irrigation au goutte à goutte et les cultures nécessitant moins d'eau ne sont pas adaptées dans la région de climat tropical humide et à hydrographie régulière.

Toutefois, dans des centres urbains tels que Kisangani où la qualité d'eau distribuée par la REGIDESO est altérée par le mauvais état des tuyauteries qui datent de l'époque coloniale, la minimisation des pertes occasionnées s'avère plus qu'importante. Une pratique bien connue des femmes de Kisangani les contraint à puiser l'eau de boisson aux environs de 9 heures du matin, le temps de laisser d'abord couler l'eau supposée contaminée la nuit par infiltration des parasites dans les tuyaux délabrés pendant l'arrêt de fourniture.

La transformation de la REGIDESO d'une entreprise publique à une société commerciale se penchera plus vers un réaménagement du service technique du réseau. Mais la connaissance de la qualité de l'eau par les consommateurs ne connaîtra guère de progrès.

Dans les milieux ruraux, une meilleure éducation communautaire pourrait être envisagée afin de mobiliser les communautés locales à adapter les stratégies d'entretien, de distribution et de systèmes de fournitures en tenant compte des aléas du terroir. Le mode de conservation obéit également à la logique des terroirs, notamment au type de récipients utilisés, à la distance à parcourir de la source au domicile, à la durée de stockage, etc. Le cas des populations du Groupement Mbilinga, dont les contraintes coutumières leur font préférer l'eau de rivière en défaveur de celle des puits aménagés, mérite bien ce genre d'intervention. Les problèmes de conservation d'eau constatés à Maleke, Dungu, Ubundu et Buta n'épargnent pas les autres localités de la Province Orientale. La salubrité des récipients, l'état de l'habitat et la durée de conservation influencent considérablement la potabilité de l'eau de ménage.

La responsabilisation des consommateurs à supporter le coût de leurs consommations les contraint à limiter le gaspillage d'eau. La fourniture d'eau assurée par la REGIDESO rencontre non seulement un grand problème de raccordements anarchiques, surtout dans les quartiers pauvres des milieux urbains ; mais aussi d'insolvabilité des abonnés. Ce manque à gagner impose des contraintes budgétaires à cette entreprise. Mais le système de cotisations instauré par le Comité d'eau constaté aux villages de Maleke et Ngenengene porte des fruits prometteurs pour l'entretien des pompes et le maintien de salubrité autour des puits. Ce comité veille à ce que les non contribuables et les villages non concernés par ce programme n'aient pas accès à cette denrée de base.

Somme toute, les considérations évoquées ci-dessus exigent une meilleure gouvernance du secteur pour atteindre les Objectifs du Millénaire ainsi que d'autres mentionnés au début de notre propos.

6.2 Pour quelle gouvernance d'eau potable ?

La gestion des ressources naturelles en Afrique rencontre deux alternatives majeures : la tradition et la modernité. En effet, depuis la nuit des temps, plusieurs ressources dont l'eau sont liées aux pratiques cultuelles diverses. La coutume considère la terre, l'eau, le sol, la forêt et même des animaux comme des êtres sacrés et rituels[29]. Cette vision cosmogonique impose une gestion des espaces qui obéit au droit coutumier. Ce type d'aménagement déterministe ne peut vaincre les carences observées et qui exigent un aménagement volontariste.

Avec la crise de l'environnement, la gestion des espaces se veut rationnelle et désacralisée. Le droit coutumier se trouve envahi par le droit foncier moderne. Plusieurs espaces coutumiers villageois sont aujourd'hui envahis par l'extension des agglomérations urbaines ou par l'exploitation forestière des sociétés multinationales. Des richesses traditionnelles appartenant à des peuples autochtones sont aujourd'hui déclarées patrimoine mondial de l'humanité et sont gérées suivant le droit international. Il va sans dire que les gouvernements signent des conventions internationales sur des ressources gérées par les ayants droit locaux.

Dans les milieux concernés, cette doublure de gestion soulève la question de mode de gouvernance des ressources naturelles. Toutefois, il existe certaines pratiques coutumières qui concourent à celles de la conservation de la nature ou de lutte contre la pollution de l'environnement. Les pygmées de l'Ituri pensent à titre d'exemple que le nomadisme permet de contourner l'extinction des espèces et favorise la reconstitution de la biodiversité et le recyclage de l'eau des espaces abandonnés.

Il faudra en définitive associer les deux logiques et dégager ce qu'il y a de commun dans la sauvegarde de la biodiversité et l'exploitation raisonnée des ressources

[29] DEBOUVRY, P., *Décider, pour aménager. Gérer les ressources naturelles et l'environnement en Afrique subsaharienne francophone*, ENDA, Dakar, 1998.

naturelles. Et que la logique d'action de chaque acteur soit comprise par l'autre (théorie de l'action raisonnable de Boltanski et Thévenot). La gestion rationnelle des ressources naturelles, dont l'eau, concourt à une société par projet où le bien supérieur commun entraîne la modélisation de comportement des acteurs.

Au demeurant, la question de gestion de ressources naturelles simule ainsi celle de gouvernance. Partant de l'impasse « tradition-modernité » ou « déterminisme-volontarisme » susmentionnée, l'on peut se demander : quelle gouvernance appliquée à la gestion d'eau potable en Afrique en général et en Province Orientale en particulier? – traditionnelle, moderne, centralisée ou décentralisée ?

La réponse nous est proposée par J.-P. Olivier de Sardan : « *Il n'est pas inutile de préciser que si la délivrance de biens et services publics et collectifs relève le plus souvent de dispositifs étatiques, elle peut être aussi assurée par d'autres opérateurs, tels que les institutions de développement, les mécènes, le secteur privé ou le monde associatif (aujourd'hui souvent appelé "société civile"), qui parfois suppléent l'État, parfois se substituent à lui, parfois collaborent avec lui, ou parfois le soutiennent par des "perfusions" sectorielles.*

La gouvernance, prise dans cette acception, constitue un "champ semi-autonome", qui n'est certes pas indépendant de la nature du pouvoir, du type de régime ou de gouvernement, mais qui a sa propre épaisseur et ses propres logiques[30] ».

Pour ce qui est de la gestion des ressources naturelles, le Sénégal par exemple, a commencé par des méthodes centralisées et policières. Mais face à la dégradation des sols due à l'intensification de la sécheresse des années 70, « *au début des années 80, les programmes de lutte contre la dégradation des sols (ou la désertification) et de reboisement – qui auparavant privilégiaient les sanctions et un contrôle de*

[30] OLIVIER DE SARDAN, J.-P., « *Entre tradition et modernité : quelle gouvernance pour l'Afrique* ? », document inédit.

type policier – ont progressivement travaillé plus étroitement avec les collectivités locales[31] », précisent Utting et Jaubert.

Les collectivités locales ont été sensibilisées à la pédagogie écologique : campagnes massives de reboisement, brigades de lutte contre les feux de brousse, montée en puissance de plusieurs ONG dans la gestion des forêts.

Au Sommet Planète Terre (CNUED) en 1992, la gestion locale des ressources et le renforcement de la participation des populations dans les programmes de protection environnementale avaient dominé les débats en insistant sur la décentralisation des pôles de décisions et le renforcement des organisations de base sans oublier la mise en valeur de leurs savoirs locaux en matière de gestion de ressources.

L'Etat cesse d'être le seul acteur et s'associe à d'autres composantes de la société à la base, plus précisément la société civile. La décentralisation environnementale est une méthode de gestion de type participatif qui doit s'associer à la bonne gouvernance, car, très souvent l'on a constaté que les organisations passent la plupart du temps dans les questions financières sans mettre un accent sur la gouvernance et le contrôle des activités, indique une abondante littérature récente.

Il faut décentraliser l'industrie de l'eau potable. Autant la décentralisation exige un transfert des compétences au niveau local, autant ce dernier a besoin d'un environnement macropolitique favorable et cohérent. Que dire, par exemple, de l'interdiction de la chasse des espèces fauniques rares et de la coupe de bois aux pygmées de la Réserve à Okapi d'Epulu si, en même temps, des attestations illicites sont délivrées aux braconniers et aux exploitants forestiers par des ministères? Que dire du projet d'adduction d'eau de la rivière Ubangi vers le lac Tchad en tarissement sans la moindre concertation avec les populations locales qui se voient marginalisées ?

Cet état de choses est l'une des sources des conflits fonciers dans les milieux ruraux (entre autochtones et

---

[31] UTTING P. et JAUBERT R., *Discours et réalités des politiques participatives de gestion de l'environnement. Le cas du Sénégal*, 1998, pp.3-4

exploitants allochtones). L'exploitation des ressources naturelles peut ainsi être au centre des conflits intra ou inter-communautaires, qu'il y ait abondance ou carence de ressources. La paix sociale est ainsi menacée.

La démographie galopante en Afrique constitue une véritable menace pour la répartition des ressources entre communautés. Penser ici aux conflits fonciers entre éleveurs tutsis et agriculteurs hutus au Rwanda, aux phénomènes migratoires forcés (cas de Mbororo au nord de la Province Orientale), aux conflits entre exploitants allochtones blancs et populations majoritairement autochtones noires au Zimbabwe. Les conflits de conservation des territoires de pêche mentionnés plus haut entre les communautés des pêcheurs sur les eaux provinciales en disent autant. Ces exemples nous montrent que de plus en plus la croissance de la population entraîne à la fois une menace contre l'espace et contre l'homme lui-même. La relation homme–espace se transforme.

L'urbanisation des campagnes, tout comme la ruralisation des quartiers urbains, pose deux grands problèmes pour la conservation en Province Orientale. D'une part, la croissance des agglomérations urbaines happe des vastes étendues de forêts autrefois couvert naturel des cours d'eau ; d'autre part la concentration démographique augmente la demande de l'utilisation des ressources naturelles. L'eau est sans nul doute la ressource qui est la plus exposée au quotidien.

Et c'est aussi de ces mêmes hommes que viendraient le salut et les solutions dans une logique d'actions concertées par les parties en présence.

Quand on parle de gouvernance, il faut considérer qu'il s'agit d'un mode de gestion qui ne se fonde plus sur la primauté de la politique et de l'Etat, mais qui est une approche technique qui associe plusieurs acteurs autour des choix collectifs rationnels. Ces acteurs peuvent être les pouvoirs publics, les organisations non gouvernementales, les associations ou les communautés locales.

Les pouvoirs publics

L'Etat est un acteur incontournable au niveau macrostructure et mésostructure dans toutes les actions du développement national et régional. Il intervient par ses multiples services et agences spécialisés. Il signe des accords avec des partenaires extérieurs et des pactes avec des communautés locales qu'il doit consulter et mobiliser pour la poursuite des objectifs fixés.

L'Etat a la mission de mise en valeur de son territoire et de contribuer à son développement. Mais une telle réalisation dépend de la forme et de l'organisation de ce dernier. La mise en valeur du territoire national peut prendre la forme de la répartition et de l'utilisation rationnelles des ressources disponibles qui constituent une prérogative de l'Etat central ou de l'Etat fédéral en concertation avec les communautés de base.

La REGIDESO, le Service National d'Hydraulique Rurale et le Comité National d'Action de l'Eau et d'Assainissement (CNAEA), qui sont des organes institutionnels opérant dans le secteur de l'eau dans le pays ne sont pourtant pas encore installés sur toute l'étendue du territoire national, moins encore dans la Province Orientale. Il est précoce de penser à l'explosion d'une 'bombe hydrique' lancée par la Province Orientale pour arroser les voisins.

Pour contourner ce vide, les pouvoirs publics peuvent encourager ou initier certains modes d'organisation communautaire d'eau en canalisant les actions par le biais des organisations paysannes (OP), des réseaux MARP ou des organisations non gouvernementales.

Les organisations non gouvernementales

Face à une couverture insuffisante des services étatiques dans le secteur d'approvisionnement en eau potable des populations démunies, un bon nombre d'organisations non gouvernementales s'activent comme alternatives au dysfonctionnement susmentionné et travaillent avec les communautés de base pour la fourniture d'eau potable.

Les interventions du Comité International de la Croix-Rouge (CICR), de l'UNOPS, d'Handicap International, de l'ASF, du FONDES, et de l'OXFAM s'insèrent dans cette logique.

En effet, en partenariat avec la Croix-Rouge danoise, la Croix-Rouge RDC a inscrit à son actif 13 sources aménagées, 15 pompes manuelles dont 8 à Kisangani et 7 dans le territoire d'Isangi.

L'OXFAM avait pour objectif de fournir de l'eau potable dans les 18 villages du Groupement Mbilinga en raison de 5 puits ou sources aménagés par kilomètre afin de réduire la pénibilité liée à la distance. Mais, suite à la rupture de financement, l'ONG OXFAM n'a pu disponibiliser que 8 puits et 5 sources aux populations ciblées estimées à près de 8.000 habitants.

L'objectif visé était de réduire l'incidence des maladies hydriques dans les aires périphériques de la ville de Kisangani et d'augmenter la capacité des comités locaux de gestion et de maintien des ouvrages d'eau réalisés. Et dans le cadre des études sur les CAP, il était aussi question d'augmenter les connaissances des populations concernées sur les modes de transmission de ces maladies ainsi que les pratiques d'hygiène comme moyens de prévention et de lutte appropriés aux communautés de vie.

L'UNOPS (United Nations Office for Project Services) appuie le domaine d'accès à l'eau potable, essentiellement au profit des populations affectées par des catastrophes naturelles telles que les populations riveraines d'Ubundu et d'Isangi victimes des inondations du fleuve Congo. Dans la ville de Kisangani, l'UNOPS a appuyé l'approvisionnement en eau potable des déplacés de guerre rapatriés du Sud Soudan cantonnés à la Cité Canadienne.

L'ASF (Association de Santé Familiale) est un programme qui, pour assurer l'accès à l'eau potable, procède autrement que les ONG précédentes. En vue d'endiguer les maladies d'origine hydrique et de réduire la morbidité chez les enfants de moins de cinq ans, elle met à la disposition des ménages des purifiants d'eau à base de chlore et de sulfate de fer. Ces produits sont disponibles à vil prix dans les pharmacies, les centres médicaux et les ONG. Toutefois, malgré l'accessibilité à ces produits, il se pose encore les problèmes de respect de dosage dans la purification de l'eau. Quand bien même un sachet du produit Pure est à diluer dans 10 litres d'eau et une pastille d'Aquatabs est à diluer dans 20 litres d'eau, dans les milieux ruraux, les récipients de cette capacité ne sont pas toujours accessibles à toutes les bourses.

Handicap International, pour sa part, a contribué à l'assainissement des sources et au forage des puits dans la contrée de Maleke-Ngenengene et au bloc Tshimaka en face de l'aéroport international de Bangboka, au départ au profit des familles militaires qui y étaient stationnées pendant le conflit armé). Mais après l'intervention, certains de ces ouvrages sombrent dans l'insalubrité faute de gestion continue et surtout par manque de coordination entre ces acteurs qui font chacun cavalier seul dans son coin.

Les organisations locales

Par organisations locales, nous entendons celles mises en place par les communautés de base en vue d'assurer la gestion de l'eau. Il peut s'agir des associations paysannes locales, des comités d'eau institués de manière consensuelle avec les ONG qui ont appuyé les projets d'assainissement afin d'assurer la gestion après l'intervention et, enfin, des ONG locales qui portent leur intérêt sur la question de l'eau potable.

C'est dans cette optique que l'Association Mupanga a vu le jour dans les deux localités de Maleke et Ngenengene. Il s'agit d'une association de femmes rurales qui s'occupe de la gestion (accès et entretien) des puits et sources aménagés dans leurs localités après l'intervention de la Croix-Rouge et de Handicap International en 2006. L'association Mupanga poursuit le noble objectif de créer un regroupement des femmes rurales pour la promotion des connaissances sur la santé communautaire, l'hygiène et la gestion d'eau potable, le maintien des infrastructures acquises. Elle élargit son action dans la sensibilisation de la population sur les bonnes pratiques de l'hygiène de l'eau, sur les IST/SIDA et sur la gestion des activités génératrices de recettes (AGR).

Pour compléter le soutien financier qu'elles reçoivent du programme « Initiative Congo » de la Croix-Rouge, cette armée de femmes forte de 248 membres recourt à des cotisations[32] régulières et prend en compte la dimension genre, car on y dénombre 6 hommes dans ses rangs.

La vie de toute une communauté villageoise s'organise désormais autour des 4 puits et 18 sources aménagés dans ses localités. La dimension sociale de l'eau se confirme davantage.

A Kisangani, par contre, c'est la Fondation Darwezi (FONDES), une ONG locale, qui intègre dans ses programmes d'action agricole un projet d'appui des quartiers péri-urbains sur l'accès à l'eau potable. Ce projet intervient spécialement dans le raccordement des quartiers au réseau de la REGIDESO en leur procurant des bornes fontaines publiques. Les consommateurs paient eux-mêmes le coût de leur consommation par des contributions par ménage pouvant s'élever à 1.000 francs congolais (équivalent à 1, 1 dollar américain). L'initiative locale du FONDES compte 91 bornes fontaines dans la ville de Kisangani pour un coût global de près de quinze mille dollars américains.

Mais n'ayant pas songé aux structures de gestion post-intervention, bon nombre de fontaines sont à sec et fermées par la REGIDESO pour insolvabilité. L'absence d'une organisation sociale de la part des bénéficiaires replonge des populations entières dans le cauchemar de l'inaccessibilité à l'eau potable.

La situation est pareille pour les populations du groupement Mbilinga qui n'ont pu mettre en place une association ou un comité d'eau. On est revenu à la pénurie du point de départ. En effet, en décembre 2010, seul le puits foré par OXFAM au point kilométrique 15 (route Buta) est en bon

[32] La contribution individuelle mensuelle s'élève à environ 1,1$.

état. Dans ceux des points kilométriques 13 et 18, on recourt au puisage grâce à un petit récipient attaché à une ficelle. Tous les autres connaissent des pannes de pompe. Les consommateurs parcourent plus de 2 kilomètres pour chercher l'eau des sources ou encore plus de 5 kilomètres pour s'approvisionner à l'unique puits encore opérationnel au point kilométrique 15.

L'absence d'organisation à la base fait courir un énorme danger à une forte concentration des populations autour du chef-lieu de Collectivité Batia Maduka : un complexe scolaire de plus de mille élèves et les populations environnantes peinent depuis que la pompe du puits situé devant un centre de santé avec maternité est en panne. Nous sommes ici à moins de 30 kilomètres de la ville de Kisangani.

Les populations autochtones

Les observations concordantes font état d'échec des projets dont la participation des communautés cibles fait défaut et de réussite là où elles prennent une part active aux réalisations.

En évaluant l'impact post-intervention par les ONG internationales entre l'axe Mbilinga et l'axe Maleke-Ngenengene, l'on s'aperçoit que ce dernier a plus de chances d'amélioration de santé communautaire que le premier. Là où l'Association Mupanga a pris la relève d'assainissement d'eau dans le second axe, aucune organisation locale n'est enregistrée pour le premier axe.

Pourtant, dans l'un et l'autre axes, on dénombre des pratiques et des usages liés à l'eau – présence des puits traditionnels familiaux et sources non aménagées communautaires dont le système d'appropriation pouvait servir de base à la gestion communautaire des points d'eau aménagés par les partenaires extérieurs. Non seulement leurs besoins ; mais aussi leurs savoirs endogènes et habitudes alimentaires hydriques sont pris en compte.

6.3. Les politiques publiques de l'eau

Les Etats renferment un certain nombre de prérogatives qui constituent l'action des pouvoirs publics. L'Etat intervient aussi dans un certain nombre de domaines en recourant entre autres à des politiques économiques et sociales. Ces politiques peuvent être structurelles ou sociales. Les politiques économiques structurelles peuvent consister en des politiques sectorielles, à savoir des politiques économiques structurelles regroupant des mesures destinées à intervenir sur le développement des entreprises de certains secteurs économiques.

Les politiques sectorielles peuvent intervenir dans des secteurs divers de l'économie : subventions à l'agriculture, à l'industrie, au secteur de santé. L'Etat peut contribuer au développement de certains services tels que l'électricité, les transports, les télécommunications ou la fourniture d'eau.

Les politiques structurelles peuvent être des politiques publiques qui contribuent à limiter le degré d'inégalité de la répartition des ressources et réduire un déséquilibre social. A ce titre, les politiques publiques se confondent avec les politiques économiques.

Partant des contraintes et des opportunités locales, la République Démocratique du Congo doit définir des politiques (plans, programmes, projets) à adopter dans le secteur d'accès à l'eau potable à l'intérieur du pays et de partage avec ses voisins. En effet, des instruments de politique doivent être mis en place pour appuyer ou piloter toutes les stratégies adoptées par les différents partenaires en présence.

Il existe dans ce secteur une structure dite Action Nationale de l'Eau et de l'Assainissement qui a été créée par l'ordonnance n° 81-023 du 3 avril 1987 et qui est chargée de définir les grandes options, les priorités et la stratégie de développement du secteur d'assainissement et de l'eau ; d'élaborer et de veiller à l'exécution des programmes de réhabilitation des équipements dudit secteur.

Dans son programme d'action, le gouvernement issu des élections de 2006 a centré son discours-programme sur les 5 chantiers dont celui de l'eau. C'est dans cette optique que le Service National de l'Hydraulique Rurale (SNHR) a été tiré des cendres. Mais toutes ces structures étatiques et privées citées plus loin ne peuvent interagir efficacement s'il n'existe aucune politique publique en matière d'eau, car la question sociale de l'eau est fortement liée à la répartition inégale des ressources, à l'analphabétisme, à la pauvreté et à la gouvernance.

En l'absence d'une politique claire et engagée, le défi de l'eau ne peut que perdurer. Le bilan dressé à cet effet en décembre 2010 est sombre. Sur 530 forages[33] prévus en 2010 par le SNHR, 16 seulement ont été réalisés. L'Inde a donné les 99% des matériels appropriés, mais le gouvernement congolais n'a pu verser que 18% du financement prévu pour sa contribution.

Du 4 au 7 décembre 2010, un atelier organisé par le Ministère Provincial du Plan avec l'appui du Programme des Nations Unies pour le Développement, le PNUD, a tablé sur la mise en route d'un Plan quinquennal de la croissance et de la réduction de la pauvreté dans le but de pouvoir asseoir sa stratégie de réduction de la pauvreté sur les Objectifs du Millénaire pour le Développement (OMD) et aligner le budget del'Etat.

Un document de Programmation quinquennale des Actions Prioritaires 2011-2015 va servir à définir les actions sectorielles des ministères et à les aligner sur les objectifs et les orientations de la stratégie. Il permettra, de ce fait, d'aligner les budgets provinciaux dans le cadre de la décentralisation consacrée comme mode de gestion en République Démocratique du Congo.

Cela fait suite au constat fait en Province Orientale sur le niveau actuel des indicateurs qui révèlent que les progrès vers les Objectifs du millénaire pour le développement (OMD) sont

[33] Digital Congo TV, journal télévisé de 7h00 du 25 décembre 2010

lents. En effet, le constat fait par ledit atelier est éloquent : de grands retards sont constatés dans tous les secteurs sensibles et la réduction de l'incidence de la pauvreté reste encore trop faible, notamment : le taux net de fréquentation scolaire au niveau primaire n'est que de 76% pour toute la province, la mortalité infanto-juvénile demeure forte avec 152 décès pour 1000 et, enfin, l'accès à l'eau potable ne connaît pas sensiblement de progrès notables (46% des ménages utilisent une source d'eau potable), étant donné que les maladies d'origine hydrique déciment encore à grande échelle les enfants de moins de cinq ans aussi bien en ville qu'à la campagne. Les écarts entre les prévisions et les réalisations soulèvent autant de questions qui surgissent de l'imagination : existe-t-il une politique nationale de l'eau en République Démocratique du Congo en général et en Province Orientale en particulier ? L'accès à l'eau est-il une priorité ? Alors que, dans les 50 ans à venir, l'eau deviendra une ressource rare ; pourtant la Province Orientale qui en dispose davantage a-t-elle envisagé une gestion en rapport avec la géopolitique de l'eau dans la sous-région ? Bien sûr que non.

Il y a une vingtaine d'années, l'urgence du développement a pris le tournant de sauvetage, d'intervention humanitaire. La construction des routes, des usines, des écoles n'a pas sa raison d'être si le destinataire n'est pas protégé contre la mortalité et la morbidité liées, entre autres, à l'usage de l'eau impropre, à l'ignorance et à la dégradation des conditions de vie en ville comme dans les campagnes.

La solution au problème se trouve dans la recherche des stratégies participatives et communautaires de la gestion de l'eau comme ressource. En effet, préconiser des actions isolées par chacun des acteurs limite l'impact des politiques publiques et compromet l'atteinte des résultats prévus.

L'Etat doit prévaloir une approche partenariale avec les différents acteurs qui interviennent dans ce secteur afin d'accroître la cohésion dans l'action. L'objectif est de maximiser les préoccupations convergentes d'approvisionnement des populations en eau de bonne qualité et de minimiser les antagonismes liés au calcul d'intérêt des acteurs. Les consommateurs devront ainsi être au centre d'intérêt des uns et des autres. L'Etat et les différents acteurs du métier de l'eau devront constituer une plate-forme autour des populations cibles en vue de promouvoir l'intérêt commun qu'est la vie.

Conclusion : L'eau, quel avenir ?

En Province Orientale, les problèmes d'accès à l'eau potable ne sont pas liés à la carence de cette denrée comme ressource ; mais à l'ignorance et aux pratiques contraires à la prévention des maladies d'origine hydrique ainsi qu'aux problèmes de gouvernance. Il va sans dire que la question de l'eau dans cette partie de la République Démocratique du Congo est une question sociale qui, non seulement exige la mise en place de politiques publiques adéquates et claires, mais également requiert des alternatives participatives et solidaires pour combattre l'ignorance, l'inégalité d'accès à l'eau potable et accroître la coopération entre acteurs.

Tout projet qui n'incorpore pas les connaissances et la participation active des populations cibles est voué à l'échec. Les coutumes alimentaires en matière d'eau peuvent être vaincues par voie de pédagogie hydrique et d'accroissement des connaissances ainsi que par des pratiques dans ce domaine où l'Etat, soit s'active isolément, soit est complètement absent.

Malgré sa bonne foi, l'Etat ne peut seul parvenir à des solutions miracles. Il est impératif de conjuguer avec les autres forces et acteurs qui s'activent dans un même rayon et pour un même objectif. En effet, les organisations, plus que jamais, ne peuvent réussir leurs missions qu'en s'activant en réseaux. C'est par là qu'elles deviennent efficaces et efficientes, étant donné que les actions initiées par les associations féminines ou villageoises et par les ONG ne peuvent être durables qu'avec la complicité de politiques sociales claires et appuyées.

L'avenir de l'accès à l'eau potable en Province Orientale en dépend. L'Etat, les organisations de l'artisanat de l'eau et les populations urbaines et rurales ne peuvent que composer ensemble pour réduire ou vaincre les pathologies sociales et sanitaires d'origine hydrique. Il y a de l'eau partout, mais il faut boire la meilleure eau. Il y a de l'eau partout, alors il faut devenir une puissance hydrique dans la sous-région.

Bibliographie

1. Adama B. et Mamadou D., « L'approvisionnement en eau des populations rurales à Niafunké », in Souleymane Bachir D., La culture du développement, Dakar, CODESRIA, 1991, pp. 99-105.
2. Copans, J., Développement mondial et mutations des sociétés contemporaines, Paris, Armand Colin, 2006.
3. CRDI, Ressources mondiales, un guide pour l'environnement mondial, Ottawa, Ontario, 1997.
4. De Garine, I., « Habitudes alimentaires dans la région de Khombole (Sénégal) », in Cahiers d'études africaines, vol.111, 1963.
5. Debouvry, P., Décider, pour aménager. Gérer les ressources naturelles et l'environnement en Afrique subsaharienne francophone, ENDA, Dakar, 1998.
6. Deibert, M., De l'eau partout, mais est-elle propre à boire?, in http//www.ipsinternational.org/fr/note.asp?, consulté le 20 juin 2010
7. Digital Congo TV, journal télévisé de 7h00 du 25 décembre 2010
8. Giri, J., Le Sahel de demain. Catastrophe ou Renaissance, 2e éd., Nivelle, Terre et vie, 1983.
9. Kazadi et al., « Détection et dénombrement des quelques indicateurs de pollution fécale dans les eaux de consommation », in Les Cahiers du CRIDE, Nouvelle série, vol 3, n°1, décembre 2005
10. Baudrillard, J., La Société de consommation : ses mythes, ses structures, Paris, 1970
11. Mendras, H., Eléments de sociologie, Paris, Armand Colin, 1967.
12. Ministère du Plan (RDC), Document de stratégie de croissance et de réduction de la pauvreté, éd. 2006.

13. Olivier De Sardan, J.-P., « Entre tradition et modernité : Quelle gouvernance pour l'Afrique ? », inédit.

14. Projet /SANRUIII, Hygiène environnementale. Manuel des participants, Kinshasa, 2003.

15. Rodier, J., Analyse de l'eau, Paris, Dumont, 1978.

16. Roudi-Fahimi F., Creel L. et De Souza R.-M., « Le juste équilibre : population et insuffisance des ressources en eau au Moyen-Orient et en Afrique du Nord », in WWW. Population Reference Bureau.org, 2000

17. Savary, C., « Les aspects culturels de l'alimentation en Afrique de l'Ouest », in Genève-Afrique, vol.XXIV, n°1, 1986.

18. Tshibamba, S.O., La problématique de la gestion intégrée des ressources en eau en RDC : analyse et stratégie, minister@memoireonline.com, consulté le 25 mai 2010

19. UNESCO, Régime de la pollution des eaux souterraines dues à la circulation routière, 2005.

20. Utting P. et Jaubert R., Discours et réalités des politiques participatives de gestion de l'environnement. Le cas du Sénégal, 1998.

21. Warnier, J.P., La mondialisation de la culture, 3è éd., Paris, La Découverte, 2004.

22. http.www.Grandslacs.net/doc, 2008.

23. Http//www.eaurmc.fr/juniors/cahiers-ped., consulté le 20 juin 2010

24. http//www.kfw-entwicklungsbank.de/OfficeCongo DR/activities/eau potable pour quinze villes de la RDC.jsp, consulté le 5 juin 2010.

Table des matières

L'HARMATTAN, ITALIA
Via Degli Artisti 15; 10124 Torino

L'HARMATTAN HONGRIE
Könyvesbolt ; Kossuth L. u. 14-16
1053 Budapest

L'HARMATTAN BURKINA FASO
Avenue Mohamar Kadhafi (Ouaga 2000) – à 200 m du pont échangeur
12 BP 226 OUAGADOUGOU
(00226) 50 37 54 36
harmattanburkina@yahoo.fr

ESPACE L'HARMATTAN KINSHASA
Faculté des Sciences sociales,
politiques et administratives
BP243, KIN XI
Université de Kinshasa

L'HARMATTAN CONGO
67, av. E. P. Lumumba
Bât. – Congo Pharmacie (Bib. Nat.)
BP2874 Brazzaville
harmattan.congo@yahoo.fr

L'HARMATTAN GUINÉE
Almamya Rue KA 028, en face du restaurant Le Cèdre
OKB agency BP 3470 Conakry
(00224) 60 20 85 08
harmattanguinee@yahoo.fr

L'HARMATTAN CÔTE D'IVOIRE
M. Etien N'dah Ahmon
Résidence Karl / cité des arts
Abidjan-Cocody 03 BP 1588 Abidjan 03
(00225) 05 77 87 31

L'HARMATTAN MAURITANIE
Espace El Kettab du livre francophone
N° 472 avenue du Palais des Congrès
BP 316 Nouakchott
(00222) 63 25 980

L'HARMATTAN CAMEROUN
BP 11486
Face à la SNI, immeuble Don Bosco
Yaoundé
(00237) 99 76 61 66
harmattancam@yahoo.fr

L'HARMATTAN SÉNÉGAL
« Villa Rose », rue de Diourbel X G, Point E
BP 45034 Dakar FANN
(00221) 33 825 98 58 / 77 242 25 08
senharmattan@gmail.com

Achevé d'imprimer par Corlet Numérique - 14110 Condé-sur-Noireau
N° d'Imprimeur : 85164 - Dépôt légal : mai 2012 - *Imprimé en France*

www.ingramcontent.com/pod-product-compliance
Lightning Source LLC
LaVergne TN
LVHW051408061026
849535LV00009B/3428